野菜がおいしいタジン鍋

タジン鍋だからおいしくなる春夏秋冬レシピ

牛尾理恵

池田書店

ある日の晩ごはん。忙しかったので、主菜はスーパーの焼きたて餃子。副菜は、じゃがいもたっぷりの肉じゃがにしました。タジン鍋に材料を入れて蒸すだけ。簡単だけど一品作った達成感も味わえて、まずまずの献立となりました。

＊塩蒸し肉じゃが→16ページ

そういえば、両親もタジン鍋の愛好家。父はビールの晩酌に、母はごはんのおかずにタジン鍋で作ったごぼうの蒸しものをつまんでいました。金目の煮つけの傍らにモロッコの鍋。なんだか不思議な取り合わせだけど、実家では当たり前の風景です。

＊ごぼうの炒め蒸し→67ページ

土曜日は少し朝寝坊してブランチに。お気に入りのパンと卵ははずせません。
週末ももちろん、タジン鍋が大活躍。アスパラと卵をふっくら蒸してくれました。
スモークサーモンのサラダを添えれば、まるでホテルの朝食のよう？

毎日まいにち、食卓にタジン鍋。今日は何を作りましょうか。

＊アスパラのココット風→43ページ

野菜がおいしいタジン鍋

タジン鍋だからおいしくなる春夏秋冬レシピ

目次

この本の使い方
- 大さじ1＝15ml、小さじ1＝5mlです。1カップ＝200ml、米は1合＝180mlです。
- この本のレシピは、「エミール・アンリ」と「エム・アンド・ピー」の2社のタジン鍋を基準に作成しましたが、他のメーカーのタジン鍋でも同様に作れます。
- 加熱時間は目安です。タジン鍋の種類やコンロの機種によって異なるので、はじめは短めに加熱し、様子を見ながら加減してください。
- この本ではすべてガスコンロを使用しました。IHクッキングヒーターを使用する場合は、専用のタジン鍋を求め、取扱説明書の指示に従って調理してください。

2	タジン鍋のある食卓　3つのシーンから
10	タジン鍋の選び方と使い方

Part1 タジン鍋でおいしくなる5つの野菜

じゃがいも
14	丸ごと蒸しじゃがいもと蒸し卵のポテトサラダ
16	塩蒸し肉じゃが
17	じゃがいものキムチ蒸し

キャベツ
18	キャベツの塩昆布蒸し
20	キャベツのオイルサーディン蒸し
21	キャベツと油揚げの蒸し浸し

玉ねぎ
22	蒸し玉ねぎのお浸し
23	玉ねぎのごまみそ蒸し
24	ポトフ風　ハニーマスタードソース

にんじん
26	にんじんのハーブバター蒸し
28	にんじんとツナの卵とじ
29	せん切りにんじんと豚肉の和風蒸し

ブロッコリー
30	ブロッコリーののりあえ
31	ブロッコリーと豆腐の明太子蒸し
32	ブロッコリーと鶏肉のクスクス

34	蒸し野菜がおいしくなるたれ・ソース4種 ナンプラーだれ／梅みそディップ／タプナード／ねぎ塩だれ

Part2 タジン鍋で味わう季節の野菜

春の野菜
36	アスパラとあさりのレモンバター蒸し
38	たけのこと豚肉の梅わかめ蒸し
39	もやしとにらのザーサイ蒸し
40	クレソンと鶏手羽のウーロン茶蒸し
42	蒸しそら豆とチーズのサラダ
43	アスパラのココット風
44	豆苗といかの蒸しそば
45	セロリとえびの中華蒸し
46	いろいろ春野菜のバーニャカウダ風

夏の野菜
48	かぼちゃとソーセージのチーズ蒸し
50	さやいんげんとたこのトマト煮
52	なすの香り蒸し
53	蒸しとうもろこしのバターしょうゆ
54	ゴーヤの肉詰め　エスニック蒸し
56	オクラとなすのカレー煮
58	中華風蒸し枝豆
59	蒸しズッキーニのおかかのせ
60	彩り夏野菜とサーモンの北欧風

秋の野菜
64	きのこのワイン蒸し
66	きのこ丼
67	ごぼうの炒め蒸し
68	れんこんの蒸しだんご
70	里いものしょうが蒸し
71	さつまいものホットサラダ
72	山いものふわふわ蒸し
73	山いもの肉巻き蒸し
74	秋の根菜蒸し　コチュジャンだれ

冬の野菜
78	白菜と豚肉のはさみ蒸し
80	ねぎとめかじきのあっさり蒸し
81	春菊とはまぐりの酒蒸し
82	ほうれん草のアーリオオーリオ
83	小松菜のオイスターソース蒸し
84	カリフラワーのカレー蒸し
86	大根ステーキ
87	かぶとベーコンのゆずこしょう蒸し
88	かぶのファルシ

牛尾さんのタジンノート
62	ツヤツヤのごはんが炊けた！
76	むね肉派宣言します。
90	スイーツとの相性もよいタジン鍋。
92	タジン鍋のお手入れ
94	タジンQ＆A

タジンを選ぶ。

ひとくちにタジン鍋といっても、材質や大きさ、デザインの異なるさまざまなタイプがあります。この本では、一般的な陶器で2人分の野菜料理が作りやすい大きさ、さらに和洋中とどんな料理にもなじむデザインで、日々の食卓に溶け込みそうな2つのタジン鍋を選んでみました。

エム・アンド・ピー 地中海　タジン鍋大
3,990円

陶器の一大産地・美濃で焼かれたタジン鍋。蓋の先に穴があいているため、吹きこぼれにくい。直火、オーブン、電子レンジに対応。

直径　20.5cm／高さ　15cm／重量　900g／容量　300ml／材質　耐熱陶器／色　イエロー地にブラウンのライン／生産国　日本

エミール・アンリ タジンS
8,925円

質のよい釉薬を使った「FLAME」シリーズ。丈夫で保温性に優れ、お手入れも簡単。食洗機で洗える。直火、オーブン、電子レンジに対応。

直径　21cm／高さ　13.2cm／重量　1260g／容量　800ml／材質　耐熱陶器／色　フラムレッド、パープル／生産国　フランス

※各商品のお問い合わせ先は96ページをご覧ください。　　＊2011年1月より蓋にロゴマークがつく予定。
（値段も改定予定）

タジン鍋を選ぶ4つのポイント

1 大きさ
2～3人分なら、直径20cm強のサイズがおすすめ。野菜をたっぷり使った副菜はもちろん、軽い主菜も作れます。同時に、収納場所や使いやすさの参考となる高さや重量も確認を。

2 容量
直径サイズが同じでも、本体の容量はメーカーによって違います。浅いものと深いものがあるので、こちらも要チェック。

3 材質
代表的な陶器をはじめ、鋳物、セラミックなどさまざまな材質があります。ご家庭の熱源（ガス、IHなど）によっても選ぶべき材質が異なるので注意しましょう。

4 デザイン
色や模様、形も多彩なタジン鍋。最終的なポイントは、愛着をもって長く使えるデザインかもしれません。

タジンを使う。

お気に入りのタジン鍋が見つかったら、いよいよ調理開始。不思議な形からは想像もつかないほど、使い方はとてもシンプルです。食材を鍋に入れ、少しの水分を加えたら、蓋をして火にかけるだけ。さっと炒めてから蒸す、蒸してから味つけするなど、慣れれば応用も簡単です。

食材を入れる

タジン鍋本体に野菜や肉などの食材を入れます。分量が多めでも気にしないで。直径20cmほどのタジン鍋なら容量にもよりますが、キャベツで約¼個分、もやしで½〜1袋蒸すことができます。

水を注ぐ

少しの水分で食材を蒸せることが、タジン鍋の大きな特徴。食材とともに少量の水分を加えて蒸します。水分とは、水以外に酒やワインなどの液体も含まれます。

蓋をして加熱する

レシピによっては調味料も加えてから、蓋をして加熱します。中火にかけ、沸騰してきたら火加減を弱火にします。焦げつきやタジン鍋の劣化の原因となるので、強火は禁物です。

食べる前に。

料理が完成したら、最後は盛りつけ。本来調理道具であるタジン鍋ですが、独特のフォルムがかわいらしいので、できたてをそのままテーブルに置いても映えます。もちろん、器に盛り替えてもかまいません。鍋がとても熱くなっているので、ミトンや鍋敷きは必需品です。

ミトンと鍋敷き

調理後のタジン鍋は高温で熱々です。持ち運ぶときはミトンや鍋つかみなどを使ってやけどに注意しましょう。また、直接テーブルなどに置かず、鍋敷きの上に置きましょう。

そのまま食卓へ

タジン鍋は他の鍋と比べて浅めなので、器と同じようにテーブルに置いて料理を味わえます。おしゃれなデザインならテーブルが華やいで一石二鳥です。保温性も高く、温かい状態のまま食べられるのもうれしい。

器に盛り替えても

料理を人数分に盛り分ける、ほかの料理と盛り合わせるなど、器に盛り替えてもかまいません。タジン鍋はあくまでも鍋なのですから。どうぞ自由な発想で楽しく使いこなしてください。

Part 1

タジン鍋でおいしくなる5つの野菜

じゃがいも

丸ごと蒸しじゃがいもと蒸し卵のポテトサラダ

じゃがいもも卵も、丸のままタジン鍋で蒸します。
ゆでたときには味わえないうまみと食感に、のっけから、タジン鍋に脱帽。

材料(2人分)

じゃがいも　3個(300g)
卵　1個
水　½カップ
塩　小さじ¾
こしょう　少々
酢　大さじ1½
サラダ油　大さじ1
ケイパー　大さじ1

作り方

❶じゃがいもはよく洗い、芽があれば取り除く。
❷タジン鍋に①と卵を並べ(a)、水を注いで蓋をする。
❸②を中火にかけ、沸騰したら弱火にして15〜18分蒸す。
❹じゃがいもはボウルに移して熱いうちに粗めにつぶし(b)、塩、こしょうをふる。
❺卵は殻をむいて手で食べやすい大きさに割り、④に加える。
❻酢、サラダ油、ケイパーを加えてあえる。

a

b

塩蒸し肉じゃが

タジン鍋が素材の味をグッと引き出してくれるから、味つけは潔く塩と酒。

材料(2人分)

じゃがいも　3個(300g)

ねぎ　1/2本

牛切り落とし肉　100g

塩　小さじ1/2

水　1/4カップ

酒　1/4カップ

作り方

❶じゃがいもは皮をむいてひと口大に切る。ねぎは1.5cm幅に切る。

❷タジン鍋に①、牛肉を並べて塩をふり、水、酒を注いで蓋をする。

❸②を中火にかけ、沸騰したら弱火にして12〜13分蒸す。蒸し上がったら、全体をざっくり混ぜる。

じゃがいものキムチ蒸し

ユニークな素材の組み合わせ。これをま〜るくまとめてくれるのがタジン鍋の底力。

材料(2人分)

じゃがいも　2個(200g)
にら　1/3束
厚揚げ　1/4枚
白菜キムチ　50g
塩　小さじ1/2
こしょう　少々
しょうゆ　小さじ1
水　1/2カップ

作り方

❶じゃがいもは皮をむいてひと口大に切る。にらは3cm幅のざく切りにする。厚揚げは1cm幅に切る。白菜キムチは大きければ食べやすい大きさに切る。

❷タジン鍋にじゃがいも、にら、厚揚げを並べ、塩、こしょう、しょうゆをふり、白菜キムチをのせる。水を注いで蓋をする。

❸②を中火にかけ、沸騰したら弱火にして7〜8分蒸す。蒸し上がったら、全体をざっくり混ぜる。

キャベツ

キャベツの塩昆布蒸し

どっさりキャベツに塩昆布。それに、油とごま少々。これらをタジン鍋で蒸すだけ。
キャベツがこんなに甘かったんだと、ハッとするはず。

材料(2人分)
キャベツ　200g
塩昆布　15g
ごま油　小さじ2
白炒りごま　小さじ2
水　1/4カップ

作り方
❶キャベツはざく切りにし、よく洗って軽く水気をきる。
❷タジン鍋に①を入れて塩昆布をのせ、ごま油、白ごまをふりかけ(a)、水を注いで蓋をする。
❸②を中火にかけ、沸騰したら弱火にして2〜3分蒸す。蒸し上がったら、全体をざっくり混ぜる。

a

キャベツのオイルサーディン蒸し

オイルサーディンは缶汁も加えて、余すことなくキャベツにエキスを絡めます。

材料(2人分)

キャベツ　200g
玉ねぎ　¼個
にんにく　½かけ
オイルサーディン缶　½缶(約50g)
ローリエ　1枚
塩　小さじ½
こしょう　少々
レモンの絞り汁　小さじ2

作り方

❶キャベツはざく切りにし、よく洗って軽く水気をきる。玉ねぎ、にんにくは薄切りにする。

❷タジン鍋に①とオイルサーディンを缶汁ごと入れ、ローリエをのせて塩、こしょうをふり、蓋をする。

❸②を中火にかけ、沸騰したら弱火にして2〜3分蒸す。蒸し上がったら、全体をざっくり混ぜ、レモンの絞り汁をふる。

キャベツと油揚げの蒸し浸し

派手さはないけど、心身にしみ入るふだんのおかず。タジン鍋は蒸し煮も得意。

材料(2人分)

キャベツ　200g
油揚げ　1枚
ねぎ　½本
しいたけ　2枚
だし昆布(10cm四方)　1枚
水　½カップ
薄口しょうゆ　大さじ1
みりん　大さじ1

作り方

❶キャベツはざく切りにし、よく洗って軽く水気をきる。
❷油揚げは1cm幅に切り、ねぎは斜め切りにする。しいたけは軸を取り除いて薄切りにする。
❸だし昆布の表面をぬらしたペーパータオルでさっとふき、これをタジン鍋に入れて水を注ぎ、しばらく置く。
❹昆布がやわらかくなったら、①、②、薄口しょうゆ、みりんを入れて蓋をする。
❺④を中火にかけ、沸騰したら弱火にして7~8分蒸す。蒸し上がったら、昆布を取り除き、全体をざっくり混ぜる。

蒸し玉ねぎのお浸し

蒸した玉ねぎはフルーツやスイーツのよう。それほどに甘露なのです。

材料(2人分)
玉ねぎ　1個
水　½カップ
かつお節　5g
刻みのり　適量
貝割れ菜　適量
しょうゆ　小さじ2

作り方
❶玉ねぎは皮をむいて根元を少し切り落とし、横半分に切る。
❷タジン鍋に①を並べて水を注ぎ、蓋をする。
❸②を中火にかけ、沸騰したら弱火にして12〜13分蒸す。
❹蒸し上がったら器に盛り、かつお節、刻みのり、根元を切り落とした貝割れ菜をのせ、しょうゆをかける。

玉ねぎのごまみそ蒸し

ごまとみそのコクが玉ねぎと相性よし。これだけでごはんがもりもり進みます。

材料(2人分)

玉ねぎ　2個
にんにく　1かけ
みそ　大さじ1
オリーブ油　小さじ2
水　½カップ
A ｜ 白練りごま　小さじ1
　 ｜ 白すりごま　小さじ1
　 ｜ 酢　小さじ1

作り方

❶玉ねぎはくし形に切る。にんにくは薄切りにする。
❷タジン鍋に①、みそ、オリーブ油を入れてざっくり混ぜ合わせ、水を注いで蓋をする。
❸②を中火にかけ、沸騰したら弱火にして10分ほど蒸す。
❹蒸し上がったら、Aの材料を加えて混ぜ合わせる。

ポトフ風　ハニーマスタードソース

スープを楽しむというよりも、野菜の滋味を「食べる」ポトフ。
タイムの香りとほのかに甘酸っぱいソースが、おいしさのアクセントになります。

材料(2人分)

玉ねぎ　1個
にんじん　6〜8cm
じゃがいも　1個
さやいんげん　4本
ウインナーソーセージ　2本
タイム　1枝
塩　小さじ½
水　½カップ

A
- 粒マスタード　大さじ1½
- マヨネーズ　大さじ1½
- はちみつ　大さじ½
- 塩　少々

作り方

❶玉ねぎはくし形に切る。にんじんは皮をむいて1.5〜2cm幅の輪切り、じゃがいもは皮をむいて4等分に切る。さやいんげんはへたを取り除いて長さを半分に切り、ウインナーソーセージは斜め半分に切る。

❷タジン鍋に①を入れ、タイムをのせて塩をふる(a)。水を注いで蓋をする。

❸②を中火にかけ、沸騰したら弱火にして12〜13分蒸す。

❹Aの材料をよく混ぜ合わせ、③につける。

a

にんじん

にんじんのハーブバター蒸し

大地の栄養を感じる豊かなうまみ、燃えるように輝く真っ赤な色。
タジン鍋で蒸さなければ出会えなかった、にんじんのポテンシャル。

材料(2人分)
にんじん　2本
ローズマリー　1枝
白ワイン　¼カップ
水　¼カップ
バター　10g
塩　小さじ½
こしょう　少々

作り方
❶にんじんは皮をむいて1.5cm幅の輪切りにする。ローズマリーは葉を摘む。
❷タジン鍋に①を並べ、白ワイン、水、バター、塩、こしょうを加え(a)、蓋をする。
❸②を中火にかけ、沸騰したら弱火にして10分ほど蒸す。蒸し上がったらざっくり混ぜる。

a

にんじんとツナの卵とじ

卵を加えたら加熱時間は短めに。タジン鍋の余熱でとろとろの半熟にし上げましょう。

材料(2人分)

にんじん　2本
玉ねぎ　¼個
ツナ缶　小1缶(約80g)
水　¼カップ
薄口しょうゆ　大さじ1
みりん　大さじ1
卵　1個

作り方

❶にんじんは皮をむいてせん切りにし、玉ねぎはみじん切りにする。
❷タジン鍋に①、ツナをのせて水を注ぎ、蓋をする。
❸②を中火にかけ、沸騰したら弱火にして4～5分蒸す。
❹蓋を取って薄口しょうゆ、みりんを加え、さっと混ぜ合わせる。よく溶きほぐした卵を回し入れて再び蓋をし、さらに1分ほど蒸して火を止める。

せん切りにんじんと豚肉の和風蒸し

せん切りにんじんとごぼうの、シャキシャキした食感が後を引きます。

材料(2人分)

にんじん　1本
ごぼう　1本
ねぎ　½本
豚バラ薄切り肉　150g
だし昆布(10cm四方)　1枚
水　½カップ
薄口しょうゆ　大さじ1
酒　大さじ1
三つ葉　1株
七味唐辛子　適量

作り方

❶にんじん、ごぼうは皮をむいてせん切りにする。ねぎは4cm長さの細切りにする。豚肉は3cm幅に切る。

❷だし昆布の表面をぬらしたペーパータオルでさっとふき、これをタジン鍋に入れて水を注ぎ、しばらく置く。

❸昆布がやわらかくなったら、①をのせて薄口しょうゆ、酒をふり、蓋をする。

❹③を中火にかけ、沸騰したら弱火にして12〜13分蒸す。

❺蒸し上がったらざっくり混ぜ、ざく切りにした三つ葉をのせて七味唐辛子をふる。

ブロッコリーののりあえ

あえものもサラダも、これからはタジン鍋で。ゆでるよりも水っぽくなりません。

材料(2人分)

ブロッコリー　½株
水　¼カップ
もみのり　5g
ちりめんじゃこ　大さじ1
ごま油　小さじ2
しょうゆ　小さじ2
こしょう　少々

作り方

❶ブロッコリーは小房に分け、よく洗って軽く水気をきる。
❷タジン鍋に①を入れて水を注ぎ、蓋をする。
❸②を中火にかけ、沸騰したら弱火にして2分ほど蒸す。
❹蒸し上がったら、ボウルに入れてもみのり、ちりめんじゃこ、ごま油、しょうゆ、こしょうを加えてあえる。

ブロッコリーと豆腐の明太子蒸し

ブロッコリーはもちろん、豆腐もタジン鍋で蒸せば、ふるふるの口当たりに。

材料(2人分)

- ブロッコリー　½株
- にんにく　1かけ
- 絹ごし豆腐　½丁
- 辛子明太子　½腹
- サラダ油
  （好みでごま油でも可）　小さじ2
- A
  - 顆粒鶏がらスープの素　小さじ½
  - 湯　½カップ

作り方

❶ブロッコリーは小房に分け、よく洗って軽く水気をきる。にんにくは薄切り、絹ごし豆腐は水気をきって食べやすい大きさに崩し、明太子は薄皮からしごき出す。

❷タジン鍋にブロッコリーをのせ、①の他の材料ものせる。サラダ油、混ぜ合わせたAを回し入れ、蓋をする。

❸②を中火にかけ、沸騰したら弱火にして2〜3分蒸す。蒸し上がったら、全体をざっくり混ぜる。

ブロッコリーと鶏肉のクスクス

タジン鍋の故郷モロッコを意識してスパイスをきかせた、エキゾチックな一品。
クスクスにかける他、スパゲッティに絡めても美味。

材料(2人分)

- ブロッコリー　⅓株
- 鶏手羽元　4本
- 塩　少々
- こしょう　少々
- 玉ねぎ　¼個
- エリンギ　1本
- サラダ油　小さじ2
- レモンの薄切り　3枚

A
- パプリカパウダー　小さじ½
- ターメリック　小さじ¼
- チリパウダー　小さじ½
- にんにく、しょうがのすりおろし　各小さじ¼
- 塩　小さじ½
- こしょう　少々
- 水　½カップ

- クスクス　1カップ
- 熱湯　1カップ

a

b

作り方

❶ブロッコリーは小房に分け、よく洗って軽く水気をきる。鶏肉は塩、こしょうをふる。玉ねぎはくし形に切り、エリンギは薄切りにする。

❷タジン鍋にサラダ油を中火で熱し、鶏肉を焼く。焼き色がついたら火を止め、玉ねぎ、エリンギ、ブロッコリー、レモンの順にのせ(a)、Aの材料を加えて蓋をする。

❸②を中火にかけ、沸騰したら弱火にして7〜8分蒸す。

❹クスクスは耐熱ボウルに入れて熱湯を注ぎ(b)、アルミホイルをかぶせて10分ほど蒸らす。

❺クスクスに③をかけて食べる。

蒸し野菜がおいしくなる
たれ・ソース4種

ナンプラーだれ
材料(2人分)
ナンプラー　大さじ1
にんにくのみじん切り　小さじ½
香菜のみじん切り　小さじ2
赤唐辛子の小口切り　ひとつまみ
砂糖　小さじ1
レモンの絞り汁　大さじ1
水　大さじ1

作り方
❶材料をすべて混ぜ合わせる。
おすすめ野菜
白菜、カリフラワー、トマト、ゴーヤ、さやいんげんなど。

梅みそディップ
材料(2人分)
梅肉　大さじ1
みそ　大さじ2
酒　大さじ1
砂糖　小さじ1
はちみつ　小さじ1

作り方
❶材料をすべて混ぜ合わせる(酒はアルコールのにおいが気になるようなら、一度煮立ててから混ぜるとよい)。
おすすめ野菜
大根、れんこん、ごぼう、なすなど。

タプナード
材料(2人分)
ブラックオリーブ(種なし)　25g
アンチョビ　1枚
ケイパー　小さじ1
にんにく　½かけ
オリーブ油　大さじ2
レモンの絞り汁　小さじ1

作り方
❶材料をすべてフードプロセッサーにかけて混ぜ合わせる(ブラックオリーブ、アンチョビ、ケイパー、にんにくをみじん切りにし、他の材料と混ぜてもよい)。
おすすめ野菜
ブロッコリー、グリーンアスパラガス、キャベツ、じゃがいもなど。

ねぎ塩だれ
材料(2人分)
ねぎのみじん切り　¼本分
ごま油　大さじ1
塩　小さじ½
昆布茶　小さじ½
酒　大さじ2
こしょう　少々

作り方
❶材料をすべて混ぜ合わせる。
おすすめ野菜
かぶ、白菜、れんこん、なす、ブロッコリーなど。

Part 2

タジン鍋で味わう季節の野菜

春の野菜

アスパラとあさりのレモンバター蒸し

春の海の幸と山の幸がタジン鍋の中で顔合わせ。
白ワインとバターを仲介役に、ふたつの幸がおいしく融合しました。

材料(2人分)

グリーンアスパラガス　5本
あさり(殻つき)　150g
レモン　1/3個
にんにく　1かけ
バター　10g
塩　小さじ1/4
こしょう　少々
白ワイン　1/4カップ

作り方

❶グリーンアスパラガスは根元のかたい部分を折り、はかまを取り除いて長さを3等分に切る。
❷あさりは塩水に浸して砂出しし、流水でよくこすり洗いする。
❸レモン、にんにくは薄切りにする。
❹タジン鍋に①、②、③、バターを入れ、塩、こしょうをふって白ワインを注ぎ(a)、蓋をする。
❺④を中火にかけ、沸騰したら弱火にして2〜3分蒸す。蒸し上がったら、全体をざっくり混ぜる。

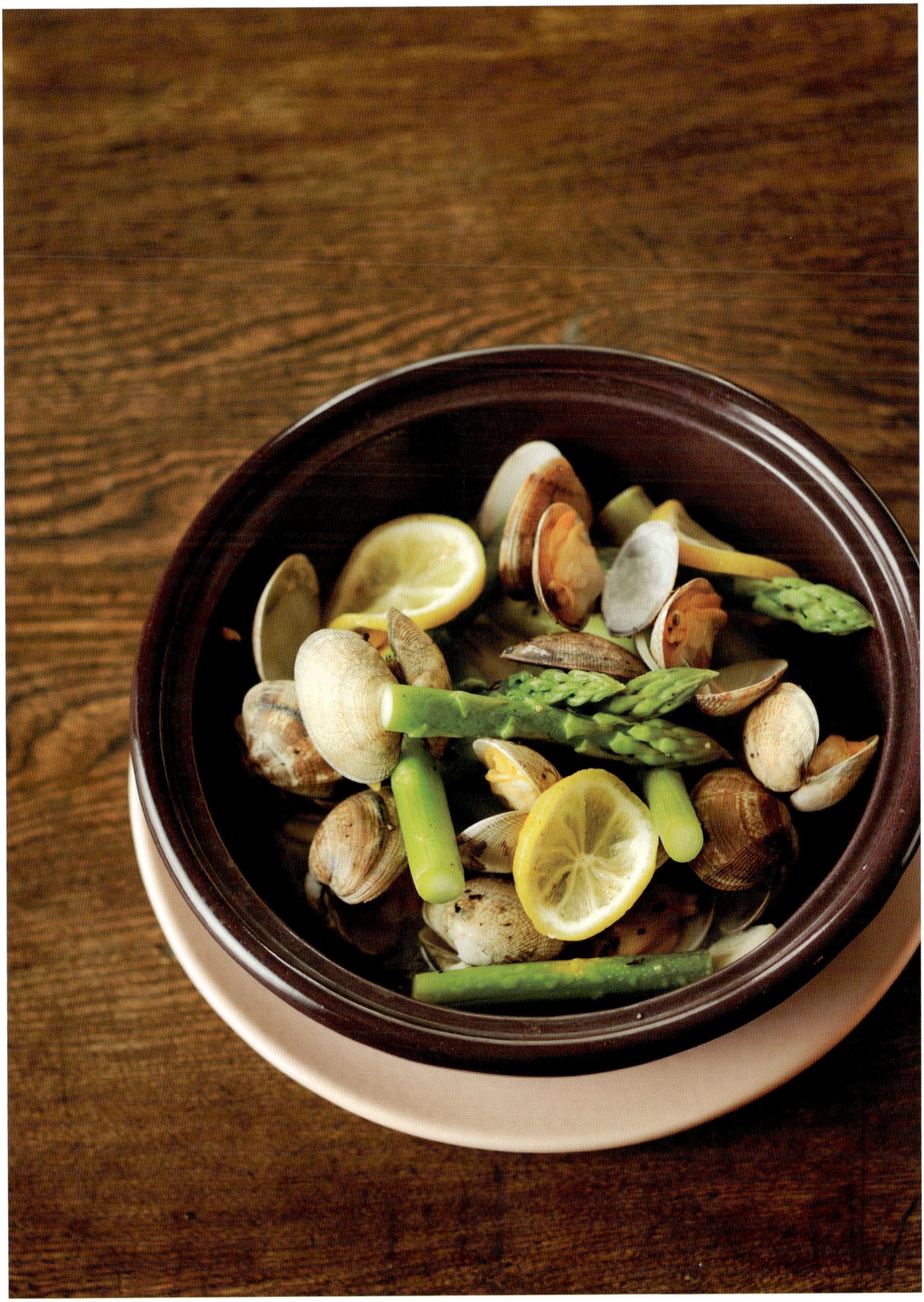

たけのこと豚肉の梅わかめ蒸し

若竹煮ならぬ、若竹蒸し。梅干しの酸味と豚肉のコクで味に深みが増します。

材料(2人分)

たけのこ水煮　1個(150g)
豚バラ薄切り肉　80g
生わかめ　80g
塩　小さじ1/4
梅干し　2個
酒　大さじ2
水　大さじ2

作り方

❶たけのこは穂先をくし形に切り、残りは1.5cm幅のいちょう切りにする。

❷豚肉は3cm幅に切り、生わかめはよく洗ってざく切りにする。

❸タジン鍋に①、②を入れて塩をふり、梅干しをのせて酒、水を注ぎ、蓋をする。

❹③を中火にかけ、沸騰したら弱火にして2～3分蒸す。

もやしとにらのザーサイ蒸し

水分の多いもやしなら、水を加えなくてもしっとり蒸し上がります。

材料(2人分)

もやし　1袋

にら　½束

ザーサイ　20g

ハム　2枚

桜えび　大さじ1

塩　小さじ¼

こしょう　少々

しょうゆ　小さじ1

好みでラー油　少々

作り方

❶もやしは気になるようならひげ根を取り除き、よく洗って軽く水気をきる。にらは3cm長さのざく切りにする。

❷ザーサイ、ハムは粗みじんに切る。

❸タジン鍋に①を入れ、②、桜えび、塩、こしょうをふってしょうゆ、好みでラー油をかけ、蓋をする。

❹③を中火にかけ、沸騰したら弱火にして2〜3分蒸す。蒸し上がったら、全体をざっくり混ぜる。

クレソンと鶏手羽のウーロン茶蒸し

ウーロン茶葉の上品な香りで、鶏肉をふんわりと包み込みました。
クレソンのさわやかな香りと相まって、鼻孔が喜ぶひと皿に。

材料(2人分)

クレソン　100g
鶏手羽中　4本
塩　少々
ウーロン茶葉　小さじ2
水　¼カップ
酒　¼カップ
A｜黒酢　小さじ2
　｜しょうゆ　小さじ2

作り方

❶クレソンは茎の太いところを切り落とす。鶏肉は骨に沿って包丁で切り込みを入れ、塩をふる。
❷タジン鍋にウーロン茶葉を入れて鶏肉を並べ(a)、クレソンをのせて水と酒を注ぎ(b)、蓋をする。
❸②を中火にかけ、沸騰したら弱火にして7～8分蒸す。
❹Aの材料を混ぜ合わせ、③にかける。

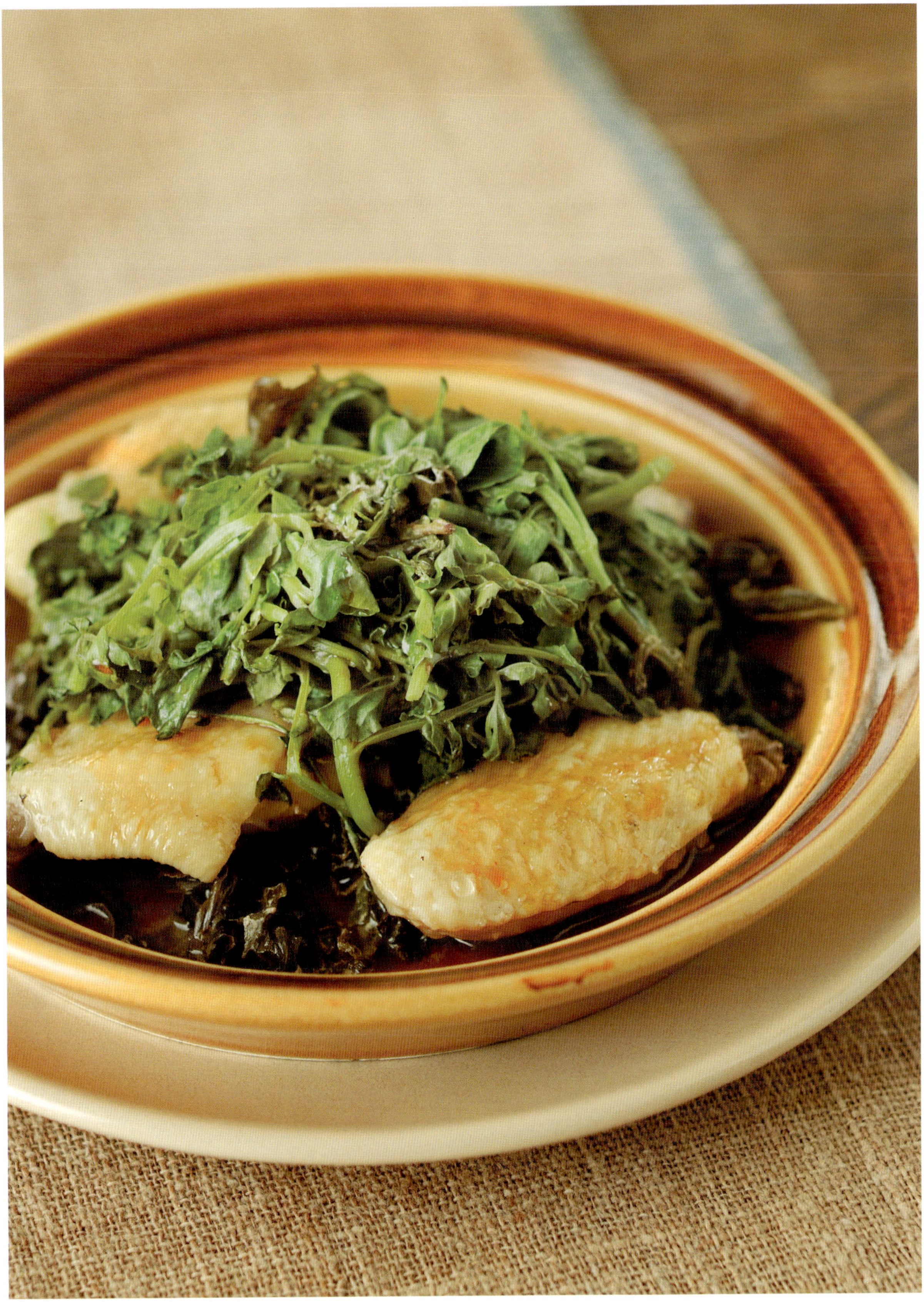

蒸しそら豆とチーズのサラダ

「ゆでる」「焼く」が定番ですが、蒸したそら豆は青々として、ホクホクのおいしさ！

材料(2人分)
そら豆(さやから出した正味)　150g
塩　ひとつまみ
水　½カップ
モッツァレラチーズ　60g
玉ねぎ　⅙個
プチトマト　10個
A ┃ オリーブ油　大さじ1
　┃ レモンの絞り汁　大さじ½
　┃ 塩　小さじ¼
　┃ こしょう　少々

作り方

❶タジン鍋にそら豆を入れて塩をふり、水を注いで蓋をする。

❷①を中火にかけ、沸騰したら弱火にして2〜3分蒸す。蒸し上がったら、薄皮をむく。

❸モッツァレラチーズは1cm角に切り、玉ねぎはみじん切り、プチトマトはへたを取って半分に切る。

❹②、③をボウルに入れ、Aの材料を加えてあえる。

アスパラのココット風

削りたてのチーズの香りが湯気にのって届きます。朝食やブランチにいかが?

材料(2人分)

グリーンアスパラガス　5本
塩　適量
水　¼カップ
卵　2個
粗びきこしょう　少々
パルメザンチーズ　10g

作り方

❶グリーンアスパラガスは根元のかたい部分を折り、はかまを取り除いて長さを半分に切る。
❷タジン鍋に①を入れて塩少々をふり、水を注いで蓋をする。中火にかけて2～3分加熱する。
❸火を止めて、余分な水分をペーパータオルなどで吸い取り(a)、卵を割り落として塩少々と、粗びきこしょうをふる。
❹再び蓋をして中火で2分加熱し、火を止めて2分ほど置き、卵が半熟になるまで余熱で火を通す。
❺パルメザンチーズを削って散らす。

豆苗といかの蒸しそば

タジン鍋で蒸せば、市販の中華麺がふっくら。レモン風味でさっぱり召し上がれ。

材料(2人分)
- 豆苗　1パック
- もんごういか　100g
- にんにく　1かけ
- サラダ油　大さじ1
- 赤唐辛子の小口切り　ひとつまみ
- 中華蒸し麺(焼きそば用)　2玉
- 塩　小さじ½
- こしょう　少々
- A │ 顆粒鶏がらスープの素　小さじ1
　　│ 水　1カップ
- 酒　大さじ2
- 好みでレモン　¼個

作り方

❶豆苗は根元を切り落とし、長さを半分に切る。いかは格子状に切り込みを入れて、食べやすい大きさに切る。にんにくは薄切りにする。

❷タジン鍋にサラダ油を中火で熱し、にんにく、赤唐辛子をさっと炒め、中華麺を加えてほぐす。

❸②に豆苗、いかをのせ、塩、こしょうをふり、Aの材料、酒を注ぎ、蓋をする。

❹③が沸騰したら、弱火にして2分ほど蒸す。蒸し上がったら、全体をざっくり混ぜる。好みでくし形に切ったレモンを添える。

＊深さのあるエミール・アンリのタジン鍋は一度に2人分作れますが、浅めの地中海のタジン鍋は1人分ずつ作るほうがベター。

セロリとえびの中華蒸し

えびのプリプリ、セロリのシャキッとした食感を残して蒸し上がれば合格です。

材料(2人分)
セロリ　2本
えび　8尾
紹興酒　1/4カップ
花椒(なければ粉山椒)　小さじ1/2
ごま油　大さじ1
白炒りごま　小さじ1
塩　小さじ1/4
しょうゆ　少々
こしょう　少々

作り方
❶セロリは乱切りにする。えびは殻をむいて背側を包丁で開き、背わたを取り除く。
❷タジン鍋に①を入れ、紹興酒、花椒、ごま油、白ごま、塩、しょうゆ、こしょうを加え、蓋をする。
❸②を中火にかけ、沸騰したら弱火にして2〜3分蒸す。蒸し上がったら、全体をざっくり混ぜる。

いろいろ春野菜のバーニャカウダ風

複数の野菜を一度に蒸すのも、タジン鍋の得意技。
蒸し方のポイントは、にんじんや玉ねぎなど火の通りにくい素材を下に置くこと。

材料(2人分)

- グリーンアスパラガス　3本
- ミニにんじん　6本
- 紫玉ねぎ　½個
- スナップえんどう　6本
- アンチョビ　2枚
- オリーブ(種なし)　2個
- にんにく　1かけ
- オリーブ油　大さじ1
- 水　½カップ

作り方

❶ グリーンアスパラガスは根元のかたい部分を折り、はかまを取り除いて長さを4等分に切る。ミニにんじんは皮をむき、紫玉ねぎはくし形に切り、スナップえんどうは筋を取り除く。

❷ アンチョビ、オリーブ、にんにくはみじん切りにする。

❸ タジン鍋に①を並べて②を散らし、オリーブ油を回しかけ(a)、水を注いで蓋をする。

❹ ③を中火にかけ、沸騰したら弱火にして7〜8分蒸す。蒸し上がったら、全体をざっくり混ぜる。

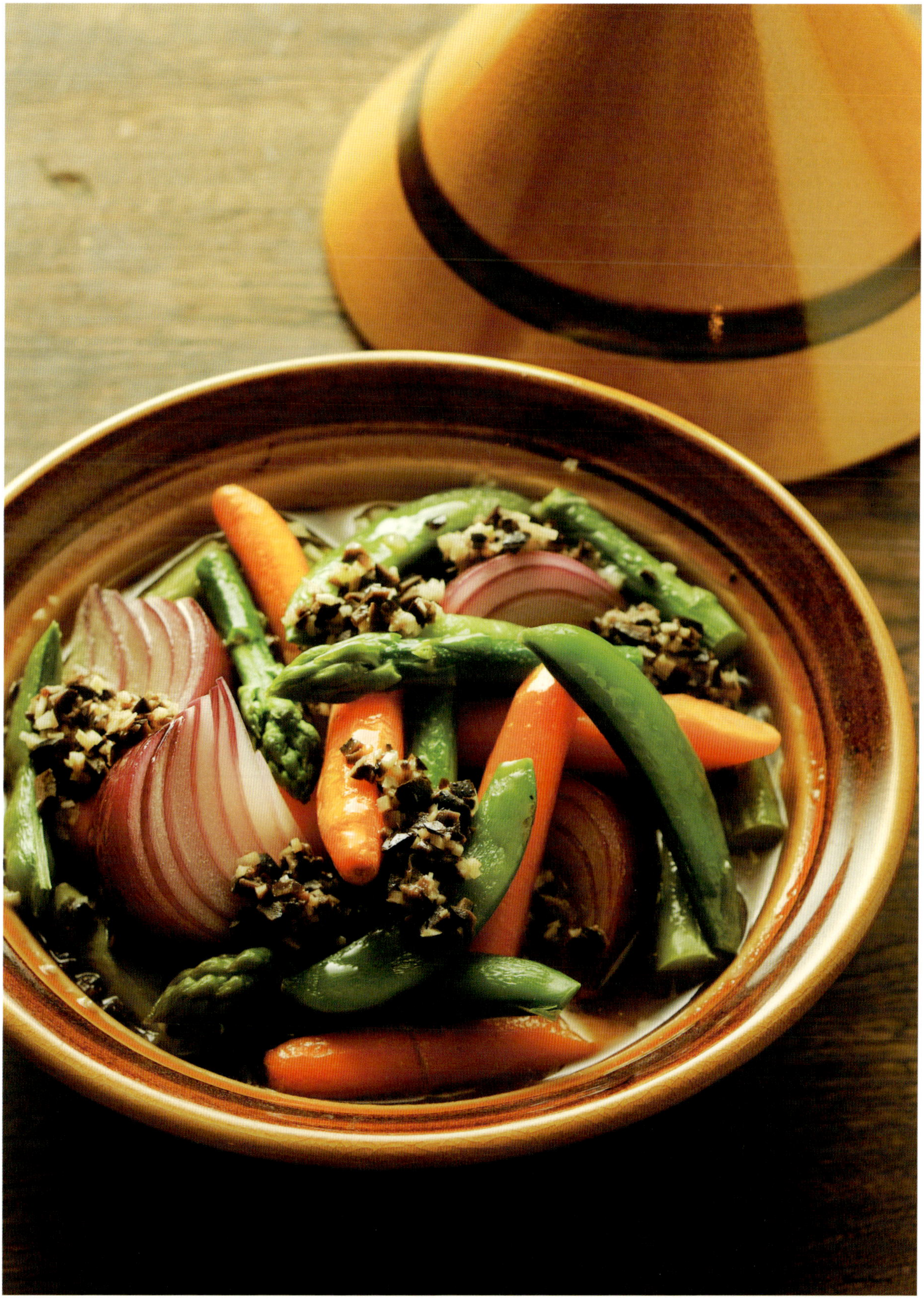

夏の野菜

かぼちゃとソーセージのチーズ蒸し

甘辛味の煮ものもいいけれど、煮くずれず、中までほっくり火が通る
タジン蒸しはいかがでしょう？　余熱で溶けたチーズをとろりと絡めてどうぞ。

材料(2人分)
かぼちゃ　1/4個
ソーセージ(チョリソー)　1本
ローズマリー　2枝
カマンベールチーズ　60g
塩　小さじ1/2
白ワイン　1/4カップ
水　1/4カップ
粗びきこしょう　少々

作り方
❶かぼちゃは種とわたを取り除いてひと口大に切る。ソーセージは小口切りにする。ローズマリーは葉を摘む。カマンベールチーズは放射状に切る。
❷タジン鍋にかぼちゃ、ソーセージを並べてローズマリー、塩をふる(a)。白ワイン、水を注いで蓋をする。
❸②を中火にかけ、沸騰したら弱火にして7〜8分蒸す。
❹蒸し上がったら火を止め、カマンベールチーズをのせて(b)再び蓋をし、余熱でチーズを溶かす。粗びきこしょうをふる。

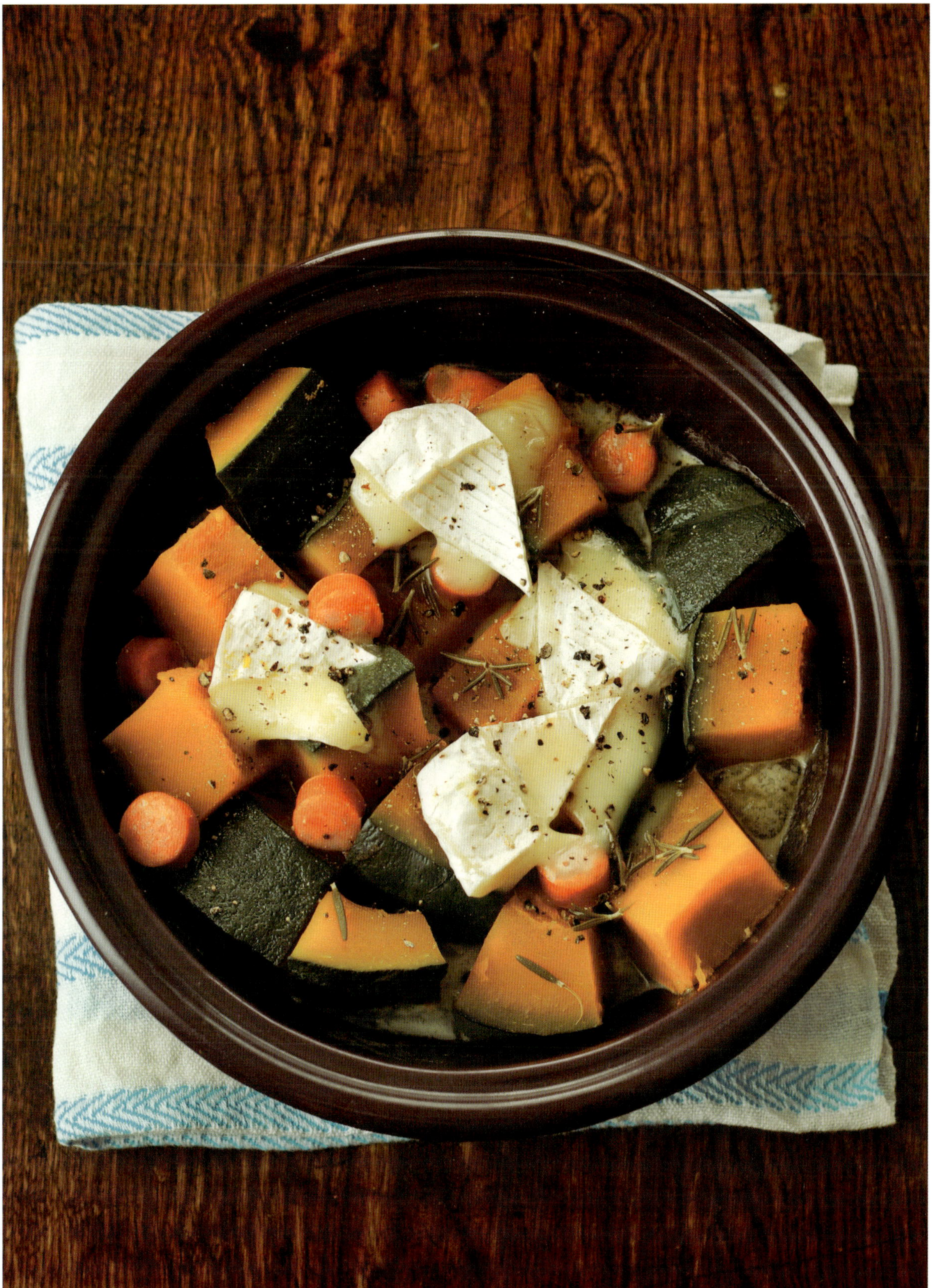

さやいんげんとたこのトマト煮

バジルが涼やかに香る、イタリアンテイストのおしゃれな一品。
油を1滴も足さないから、とてもヘルシー。パスタソースにもどうぞ。

材料(2人分)

さやいんげん　20本

ゆでたこ　100g

玉ねぎ　¼個

にんにく　1かけ

トマト水煮(缶詰)　1カップ

好みでブラックオリーブ　8個

塩　小さじ½

こしょう　少々

顆粒コンソメスープの素　小さじ½

バジル　8枚

作り方

❶さやいんげんはへたを取り除く。たこはひと口大に切る。玉ねぎ、にんにくはみじん切りにする。

❷タジン鍋に①、トマト水煮、好みでブラックオリーブ、塩、こしょう、顆粒コンソメを入れ(a)、蓋をする。

❸②を中火にかけ、沸騰したら弱火にして7〜8分蒸す。蒸し上がったら、全体をざっくり混ぜ、ちぎったバジルを散らす。

a

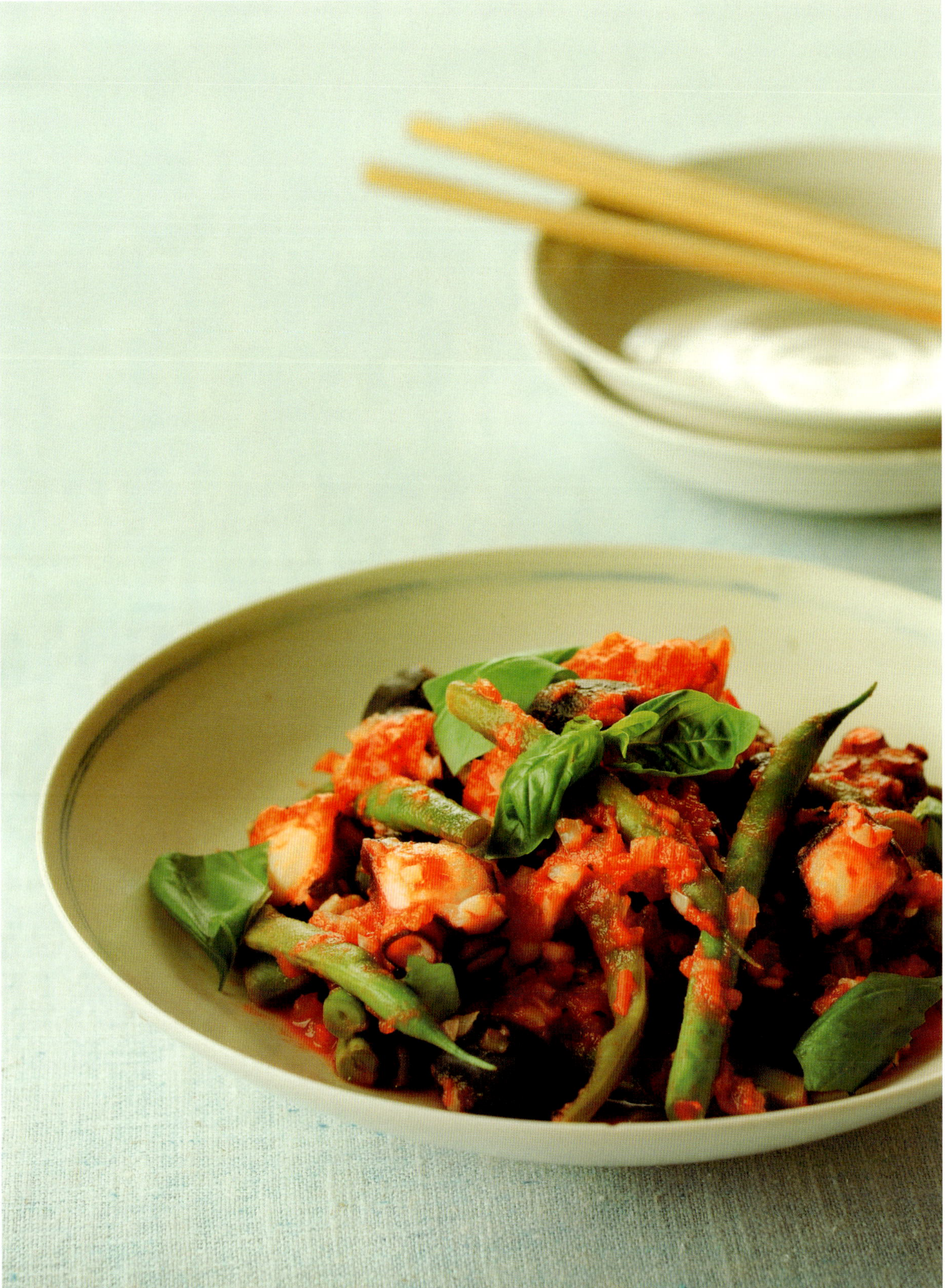

なすの香り蒸し

皮が筋っぽくならず、やわらかく蒸し上がります。冷やして食べてもおいしい。

材料(2人分)
- なす　2本
- にんにく　½かけ
- しょうが　½かけ
- 万能ねぎ　5本
- 酒　大さじ3
- 塩　少々
- しょうゆ　小さじ1
- ごま油　小さじ2
- A
  - 顆粒鶏がらスープの素　小さじ¼
  - 水　¼カップ

作り方
❶ なすはへたを取り除いて縦半分に切り、皮に格子状に細かく切り込みを入れる。
❷ にんにく、しょうがはみじん切り、万能ねぎは小口切りにする。
❸ タジン鍋に①を並べて②を散らし、酒、塩、しょうゆ、ごま油を加えて、Aの材料を合わせて注ぎ、蓋をする。
❹ ③を中火にかけ、沸騰したら弱火にして2～3分蒸す。

蒸しとうもろこしのバターしょうゆ

これぞ、夏の味。弾けるような甘さと、バター、しょうゆの三重奏にうっとり。

材料(2人分)

とうもろこし　1本
水　¼カップ
バター　10g
しょうゆ　小さじ1
七味唐辛子　適量

作り方

❶とうもろこしは皮やひげを取り除き、3cm幅のぶつ切りにする。
❷タジン鍋に①を並べて水を注ぎ、蓋をする。
❸②を中火にかけ、沸騰したら弱火にして2～3分蒸す。
❹余分な水分をペーパータオルで吸い取り(a)、水分が完全になくなったら火を止める。バター、しょうゆを加えて絡め、七味唐辛子をふる。

ゴーヤの肉詰め　エスニック蒸し

ひき肉は加熱すると縮むので、きっちり詰めるのが調理のコツ。
ゴーヤと豚肉のスタミナ素材コンビで、暑い季節を元気に乗りきりましょう。

材料(2人分)
ゴーヤ　1本(大きい場合は½本)
片栗粉　少々
香菜　1株
ねぎ　½本
にんにく　½かけ
豚ひき肉　100g
ナンプラー　大さじ1
こしょう　少々
水　½カップ

作り方
❶ゴーヤは2cm幅の輪切りにし、スプーンなどで種を取り除き、内側に片栗粉をまぶす。
❷香菜、ねぎ、にんにくはみじん切りにし、ひき肉、ナンプラー、こしょうを加えて練り合わせる。
❸①に②を詰め(a)、タジン鍋に並べて水を注ぎ(b)、蓋をする。
❹③を中火にかけ、沸騰したら弱火にして7～8分蒸す。

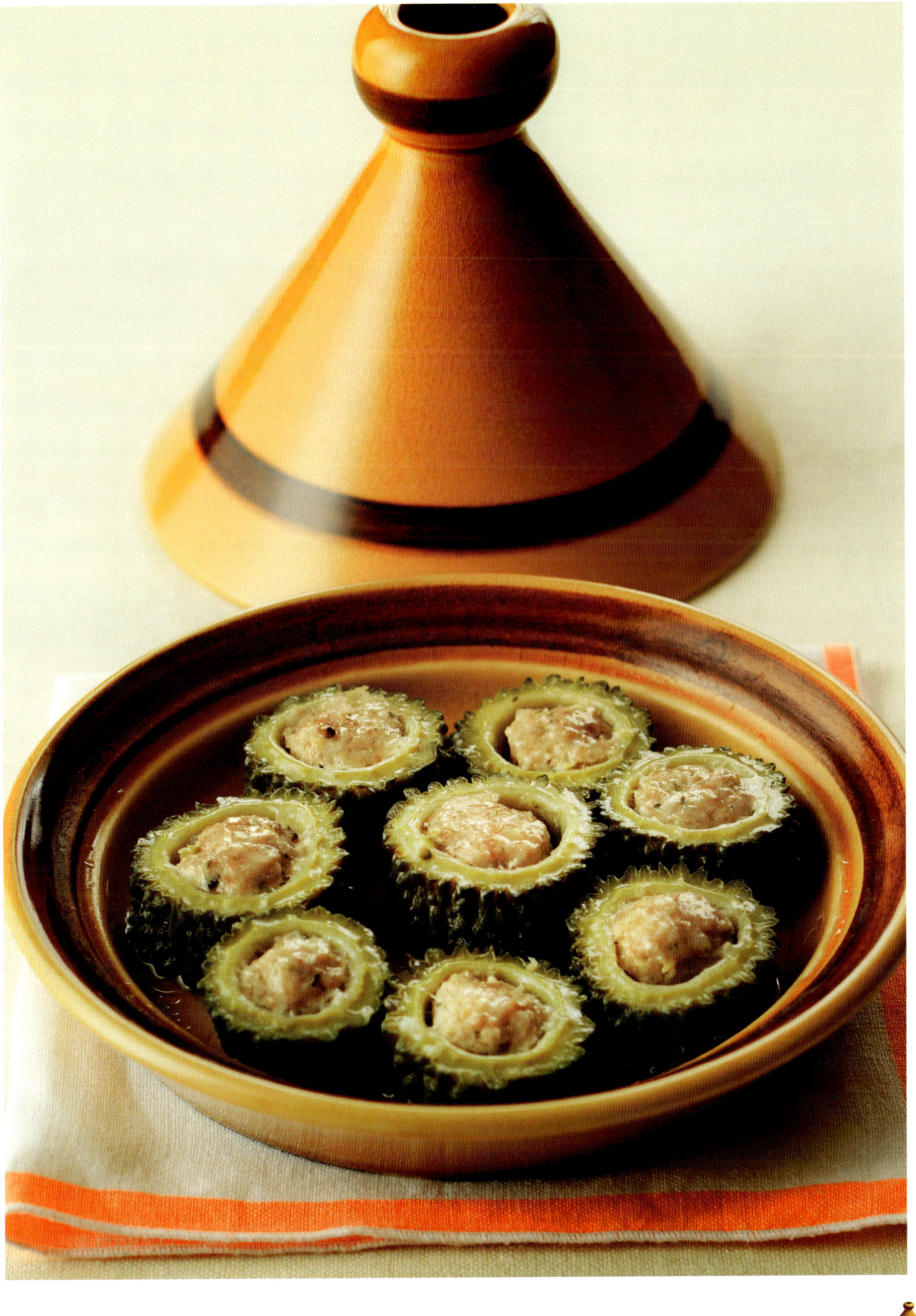

オクラとなすのカレー煮

タジン鍋はカレーもお手のもの。オクラ、なす、トマトの水分を生かして
夏でも食べやすい、さっぱりとした味わいに。

材料(2人分)

オクラ　3本
なす　1本
トマト　1個
にんにく　½かけ
しょうが　½かけ
サラダ油　大さじ½
豚ひき肉　50g
カレー粉　小さじ1
塩　小さじ¼
こしょう　少々
しょうゆ　小さじ½
好みでナン　2枚

作り方

❶オクラは塩少々(分量外)をふってまな板の上で転がして産毛を取り、1cm幅の小口切りにする。なすとトマトはへたを取り除いて1cm角に切る。

❷にんにく、しょうがはみじん切りにする。

❸タジン鍋にサラダ油を中火で熱し、②を加えて香りが出るまで炒め、ひき肉も加えてさっと炒める(a)。

❹①を加えてカレー粉をふり、蓋をして(b)中火にかけ、沸騰したら弱火にして7〜8分蒸す。

❺塩、こしょう、しょうゆを加えてざっくり混ぜ、味をととのえる。好みでナンを添える。

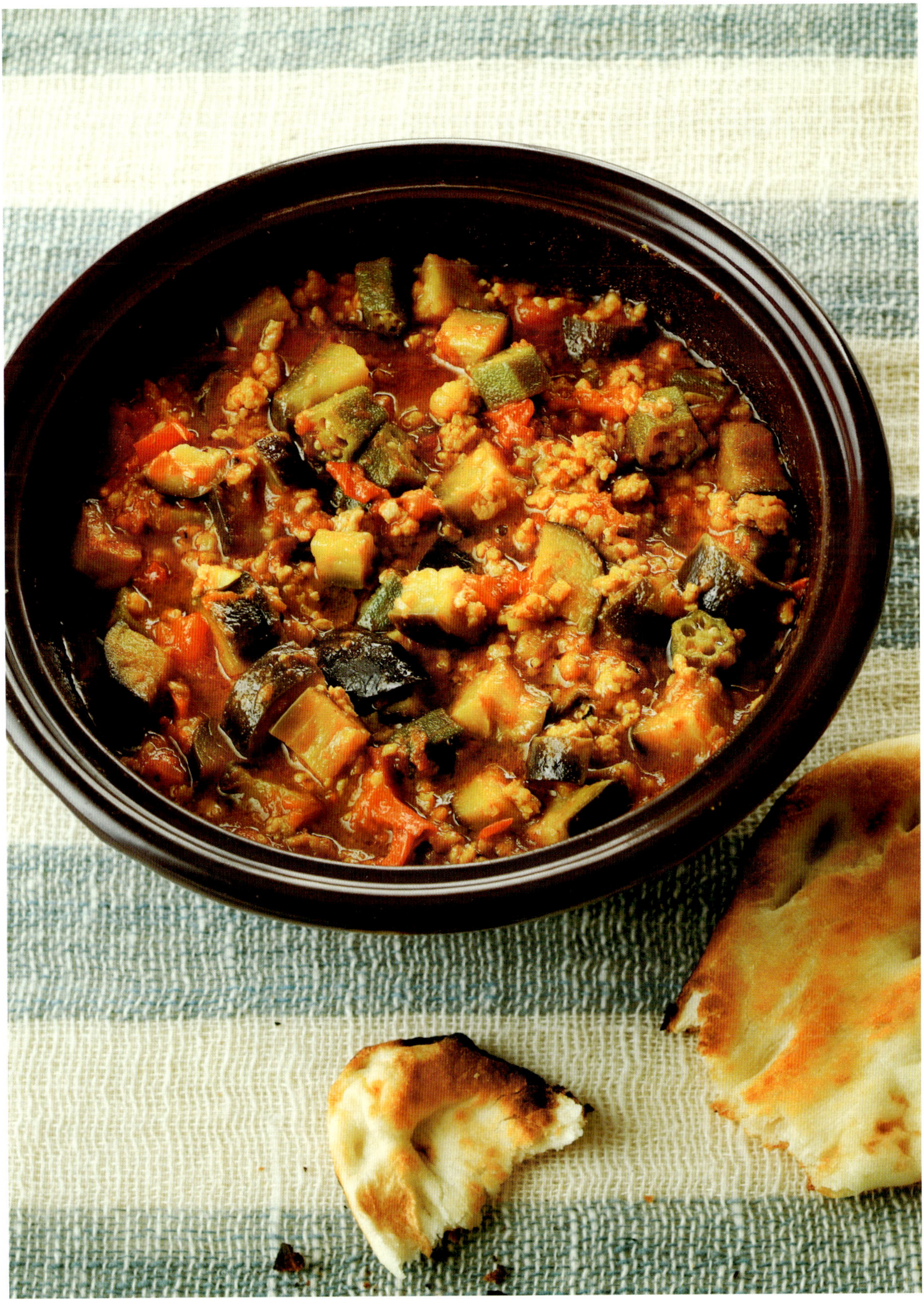

中華風蒸し枝豆

八角と紹興酒の香りがひと粒ひと粒にしみ込んでいます。ビールのおつまみに、ぜひ。

材料(2人分)

枝豆　200g
塩　小さじ1
八角　1個
赤唐辛子　1本
紹興酒　大さじ2
水　¼カップ

作り方

❶枝豆は枝から切り離し、塩をふってもむ。
❷タジン鍋に①、八角、種を取った赤唐辛子を入れ、紹興酒をふって水を注ぎ、蓋をする。
❸②を中火にかけ、沸騰したら弱火にして2〜3分蒸す。火を止めて2分ほど蒸らす。

蒸しズッキーニのおかかのせ

切り方に注目。しんなりしたズッキーニに、和風の味つけが意外にもマッチ。

材料(2人分)

ズッキーニ　1本
サラダ油　小さじ1
しょうゆ　小さじ2
水　大さじ2
かつお節　3g
桜えび　3g

作り方

❶ズッキーニは縦半分に切り、縦に薄切りにする。
❷タジン鍋に①を入れてサラダ油、しょうゆを回し入れ、水を注いで蓋をする。
❸②を中火にかけ、沸騰したら弱火にして2〜3分蒸す。
❹器に盛り、かつお節、桜えびをのせる。

彩り夏野菜とサーモンの北欧風

ディルのさわやかな香りと彩りよい野菜が、まるで夏の北欧料理のよう。
スモークサーモンの代わりに、生ざけの切り身をのせて作っても。

材料(2人分)
ズッキーニ　½本
パプリカ(黄)　½個
プチトマト　10個
ディル　2枝
スモークサーモン　8切れ
ケイパー　小さじ1
酒　¼カップ
塩　小さじ½
粗びきこしょう　少々

作り方
❶ズッキーニは1cm幅の輪切り、パプリカはへたと種を取ってひと口大に切る。プチトマトはへたを取って半分に切る。ディルは刻む。
❷タジン鍋に①、スモークサーモン、ケイパーをのせて酒をふり(a)、塩、粗びきこしょうをふって蓋をする。
❸②を中火にかけ、沸騰したら弱火にして7〜8分蒸す。

a

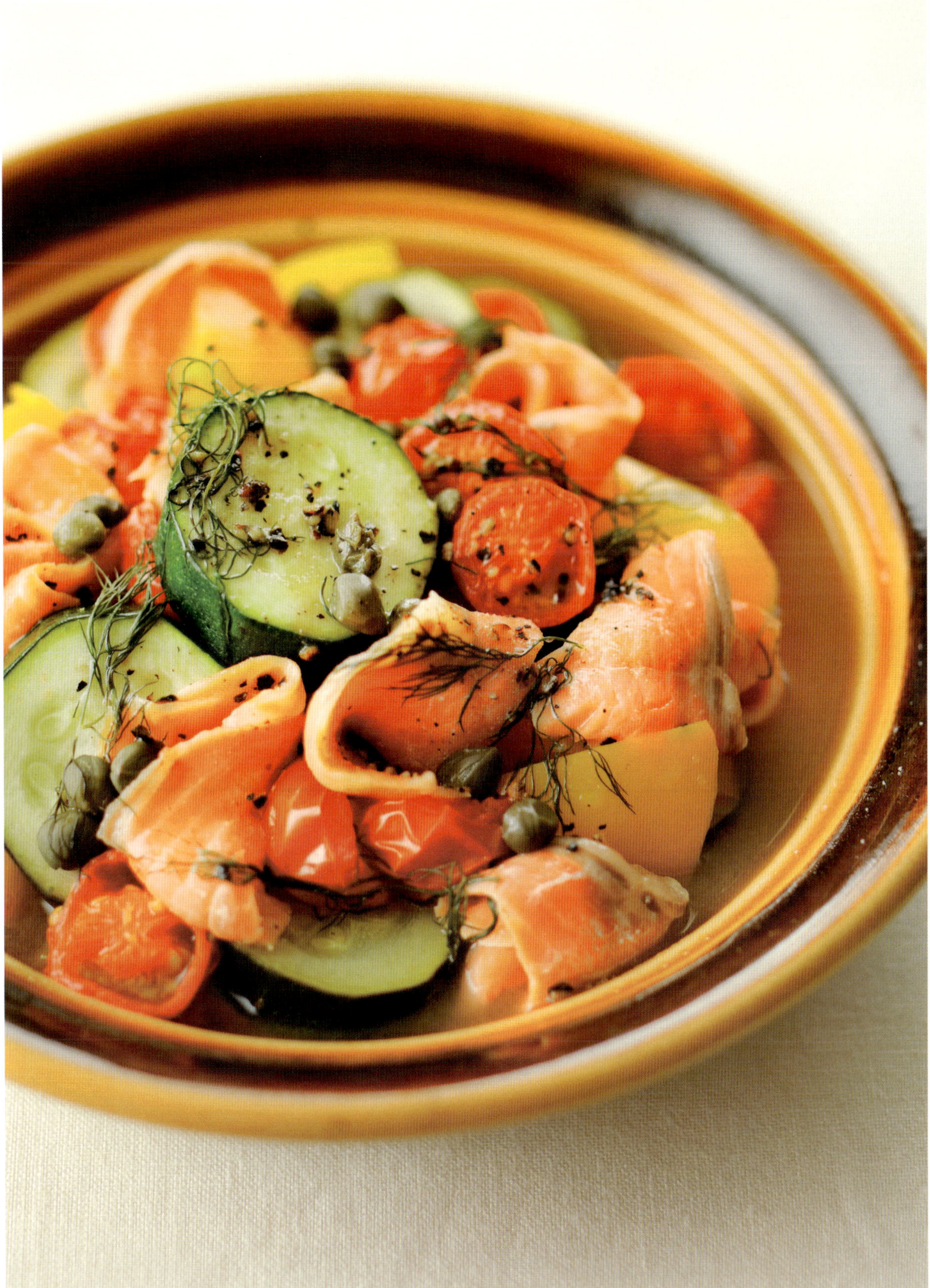

ツヤツヤがうれしくてカメラでパチリ。直径21cmの
エミール・アンリの鍋で、2合分のお米が炊けました。

タジン鍋なら、そのまま食卓に出せるから、
炊きたてごはんを家族の目の前でよそえる。
こんな演出もいいでしょう？

牛尾さんのタジンノート❶

ツヤツヤのごはんが炊けた！

タジン鍋の悩みといえば、収納場所。棚にしまうととんがり帽子にスペースを取られるし、"見せる収納"といっても、さてどこに？　結局、いつもガス台の上に置いちゃうパターンです。でも、それでいいと思います。ガス台にあるのなら、毎日とことん使えばいいのだから。で、毎日作るものといえば、主食のごはん。深さのあるエミール・アンリのタジン鍋で、試しにお米を炊いてみました。米と水をタジン鍋に入れ、中火にかけてしばらくすると沸騰して、蓋と鍋の間にフツフツと小さな泡がはじけてきます。こうなったら、すかさず弱火にして炊き上げます。もちろん大成功！　ツヤツヤのごはんができました。これなら、ガス台の上に出しっぱなしでも、言い訳がきくかも……。

ごはんの炊き方
●材料(2合分・エミール・アンリのタジン鍋を使用)
米　2合
水　2カップ

●作り方
①米は洗ってざるに上げる。
②タジン鍋に米を入れ、水を注いで蓋をする。
③②を中火にかけ、沸騰したら弱火にし、10分ほど加熱して火を止める。しゃもじでさっと混ぜて10分蒸らす。

秋の野菜

きのこのワイン蒸し

かさのあるきのこも、蒸すことでたっぷり食べられます。
バゲットにのせて、ワインのおつまみとして楽しんでみては？

材料(2人分)
しいたけ　2枚
エリンギ　1本
マッシュルーム　4個
しめじ　½パック
にんにく　½かけ
バター　15g
白ワイン　¼カップ
塩　小さじ¼
こしょう　少々
パセリのみじん切り　小さじ1

作り方
❶しいたけは軸を取って薄切り、エリンギ、マッシュルームは薄切り、しめじは石づきを切り落としてほぐす。
❷にんにくは薄切りにする。
❸タジン鍋にバターを中火で熱してにんにくを炒め、①を加えてさっと混ぜ、白ワインをふって(a)蓋をする。
❹③を中火にかけ、沸騰したら弱火にして2〜3分蒸す。塩、こしょうで味をととのえ、パセリのみじん切りをふる。

a

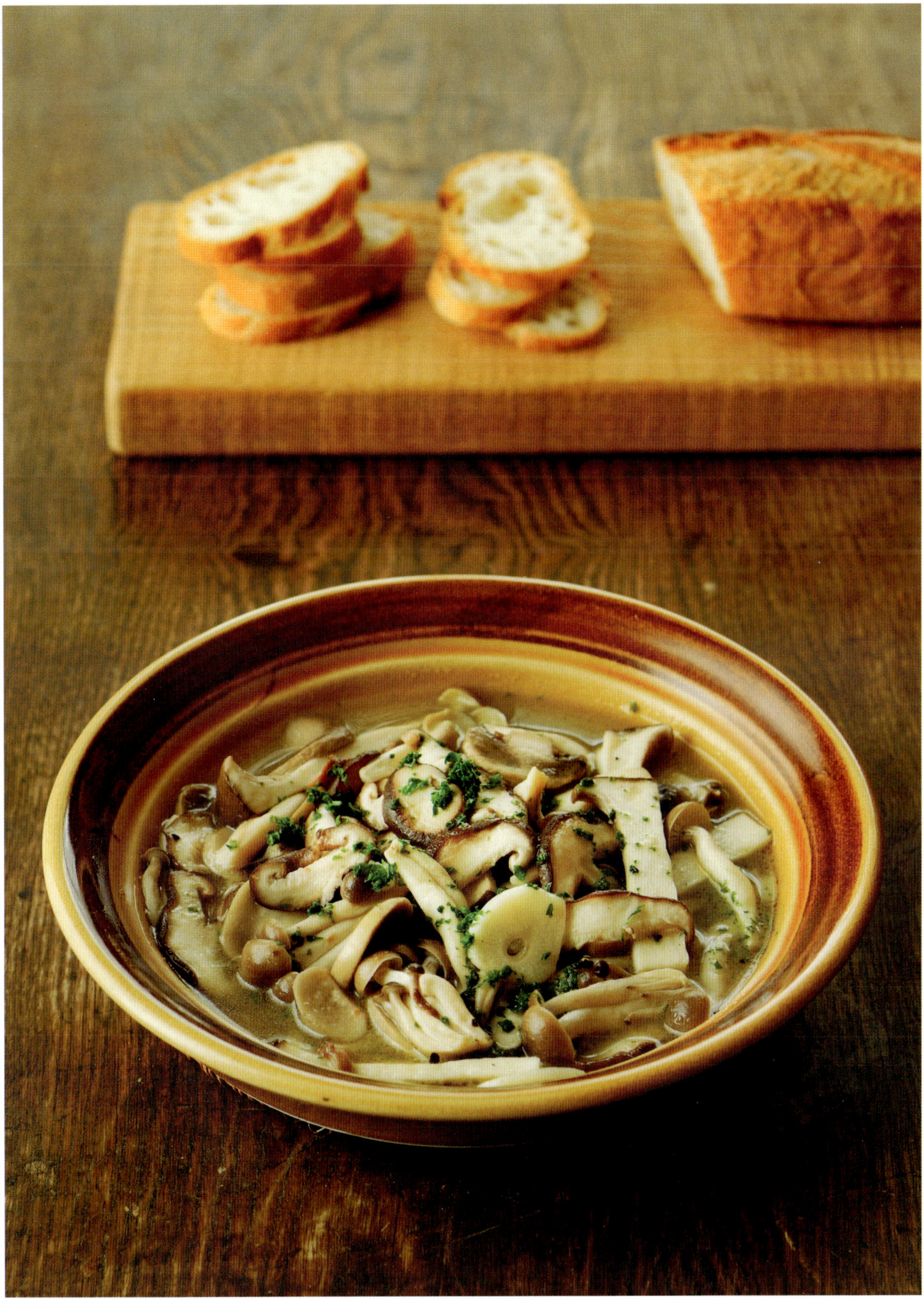

きのこ丼

蒸したてのきのこを食卓の真ん中にドンと置いて、好きなだけごはんにのっけて。

材料(2人分)

- 舞たけ　1/2パック
- しめじ　1/2パック
- えのきだけ　1/4パック
- 絹さや　10枚
- サラダ油　小さじ2
- 豚こま切れ肉　100g
- A
  - 水　1/4カップ
  - 薄口しょうゆ　大さじ1
  - みりん　大さじ1
  - 酒　大さじ1
  - 砂糖　小さじ1
- 卵　2個
- ごはん　茶碗2杯分

作り方

❶ 舞たけ、しめじ、えのきだけは石づきを切り落としてほぐす。

❷ 絹さやはへたと筋を取り除く。

❸ タジン鍋にサラダ油を熱して豚肉を炒め、色が変わったら①を加えてさっと混ぜ合わせる。Aの材料を加えて蓋をし、沸騰したら弱火にして5分ほど蒸す。

❹ 蓋を取って②をのせ、溶きほぐした卵を全体に回し入れ、再び蓋をして火を止め、2分ほど蒸らす。

❺ ごはんを茶碗に盛り、④をのせる。

ごぼうの炒め蒸し

たれのとろみの正体は小麦粉。みそのように絡んで面白いほどごぼうが食べられます。

材料(2人分)

ごぼう　1本(150g)
サラダ油　大さじ1
小麦粉　大さじ1
水　½カップ
しょうゆ　小さじ2
好みでゆずこしょう　適量

作り方

❶ごぼうは皮をこそげ取り、太いところは縦4等分、細いところは縦半分に切り、4cm長さのぶつ切りにして水にさらし、水気をきる。

❷タジン鍋にサラダ油を中火で熱し、①に小麦粉をまぶして軽く炒める。

❸ごぼうに油がなじんできたら、水、しょうゆを加えて蓋をし、弱火で10分ほど蒸す。好みでゆずこしょうを少しつけて食べる。

れんこんの蒸しだんご

れんこんのシャキシャキとえびの弾力ある歯ごたえが印象的。
アツアツのうちにしょうゆをひと垂らしして、食感の違いをよ〜く味わって。

材料(2人分)

れんこん　200g
むきえび　100g
青じそ　5枚
万能ねぎ　4本
片栗粉　大さじ1
塩　小さじ1/3
水　1/4カップ
酒　1/4カップ
しょうゆ　適量

作り方

❶れんこんは皮をむいて酢水に10分ほどさらす。3mm幅の輪切りを8枚分切り、残りはすりおろす。

❷えびは背わたを取り除いて粗めに包丁でたたく。青じそはみじん切り、万能ねぎは小口切りにする。

❸②にすりおろしたれんこん、片栗粉、塩を加えてよく混ぜ合わせ、4等分する。

❹輪切りにしたれんこん2枚で③をはさんでタジン鍋に並べ、水、酒を注ぎ(a)、蓋をする。

❺④を中火にかけ、沸騰したら弱火にして3〜6分蒸す。しょうゆをつけて食べる。

a

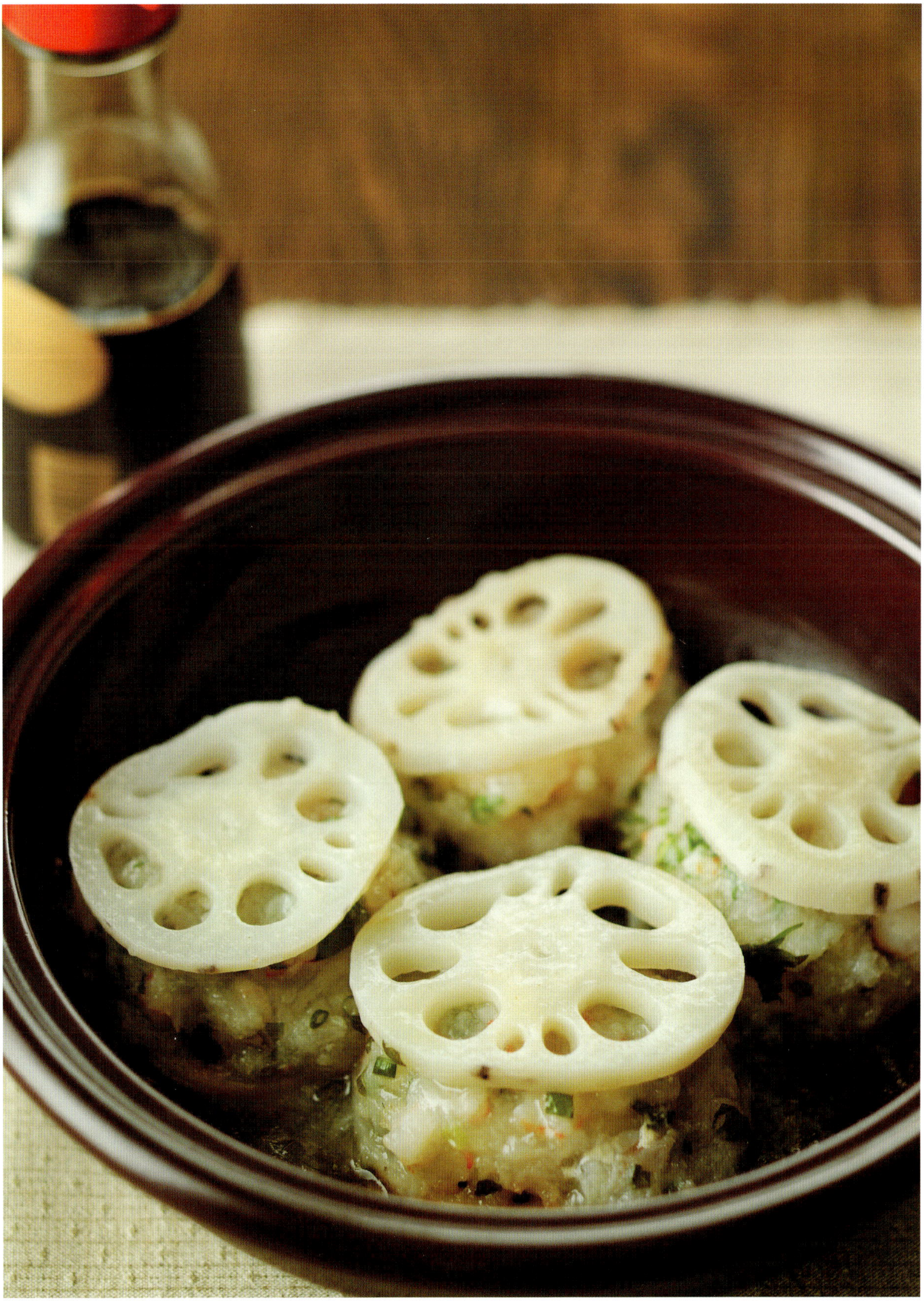

里いものしょうが蒸し

お月見に欠かせない衣かつぎ風の里いも。つるんと皮をむいてひと口でどうぞ。

材料(2人分)
里いも　10個(200g)
しょうがのすりおろし　小さじ1
塩　小さじ½
水　½カップ
万能ねぎ　適量
ごま油　小さじ1

作り方
❶里いもはよく洗い、すわりがいいほうを下にして、上部を少し切り落とす。
❷タジン鍋に①を並べ、しょうがのすりおろしをのせて塩をふり、水を注いで蓋をする。
❸②を中火にかけ、沸騰したら弱火にして12〜13分蒸す。
❹万能ねぎの小口切りを散らし、ごま油をかける。

さつまいものホットサラダ

ほくほくの蒸し上がりと自然な甘みがスイーツのようなサラダです。

材料(2人分)

さつまいも　1本(350g)

水　½カップ

カッテージチーズ　大さじ3

オリーブ油　小さじ2

塩　小さじ⅓

こしょう　少々

ピンクペッパー　少々

作り方

❶さつまいもは皮をむいてひと口大に切り、水に5分ほどさらす。

❷タジン鍋に水気をきった①と水を入れて蓋をする。

❸②を中火にかけ、沸騰したら弱火にして7〜8分蒸す。

❹③の水気をきり、ボウルに入れて熱いうちにカッテージチーズ、オリーブ油、塩、こしょうを加えて混ぜ合わせる。器に盛り、ピンクペッパーを散らす。

山いものふわふわ蒸し

軽くてやさしい口当たりがなんとも不思議。食欲のないときにも、お腹にするりとおさまりそう。

材料(2人分)
山いも　100g
ベーコン　2枚
エリンギ　小1個
万能ねぎ　3本
卵　1個
だし汁　½カップ
薄口しょうゆ　小さじ2
みりん　小さじ2
サラダ油　少々

作り方

❶山いもは皮をむいてすりおろす。ベーコンは3cm幅に切り、エリンギは薄切りにする。万能ねぎは2cm長さに切る。

❷すりおろした山いもをボウルに入れ、溶き卵、だし汁、薄口しょうゆ、みりんを順に少しずつ加えながら混ぜ合わせる。

❸タジン鍋にペーパータオルでサラダ油を薄く引き、②を注いでベーコン、エリンギ、万能ねぎを散らし、蓋をする。

❹③を弱火にかけ、13〜15分蒸す。

山いもの肉巻き蒸し

こちらは山いもの歯ごたえを生かした調理。香菜は青じそに変えても美味。

材料(2人分)

山いも　200g
香菜　1株
豚バラ薄切り肉　6枚
塩　少々
水　1/4カップ
ポン酢しょうゆ　適量

作り方

❶山いもは皮をむいて4cm長さの拍子木切りにする。香菜は根元を切り落として4cm長さのざく切りにする。
❷豚肉は半分の長さに切り、塩をふる。
❸②で①を巻いてタジン鍋に並べ、水を注ぎ、蓋をする。
❹③を中火にかけ、沸騰したら弱火にして2～3分蒸す。
❺肉巻きを器に盛り、タジン鍋に残った蒸し汁に、同量のポン酢しょうゆを加えて混ぜ、肉巻きにかける。

秋の根菜蒸し　コチュジャンだれ

秋野菜がタジン鍋にごろごろしている姿は、実りの季節の象徴のよう。
コクのある特製の甘辛だれで、いくらでも箸が進みます。

材料(2人分)

れんこん　100g
さつまいも　100g
里いも　4個
水　½カップ

A
- 甜麺醤　大さじ1
- コチュジャン　大さじ1½
- にんにくのすりおろし　少々
- しょうがのすりおろし　少々
- ごま油　小さじ2
- 白すりごま　小さじ½

作り方

❶れんこんは皮をむいて食べやすい大きさに切り、酢水に10分ほどさらす。さつまいもは食べやすい大きさに切り、水に5分ほどさらす。里いもは皮をむいて塩適量（分量外）でもみ洗いし、食べやすい大きさに切る。
❷タジン鍋に①を並べて水を注ぎ(a)、蓋をする。
❸②を中火にかけ、沸騰したら弱火にして12〜13分蒸す。
❹Aの材料をよく混ぜ合わせ、③につける。

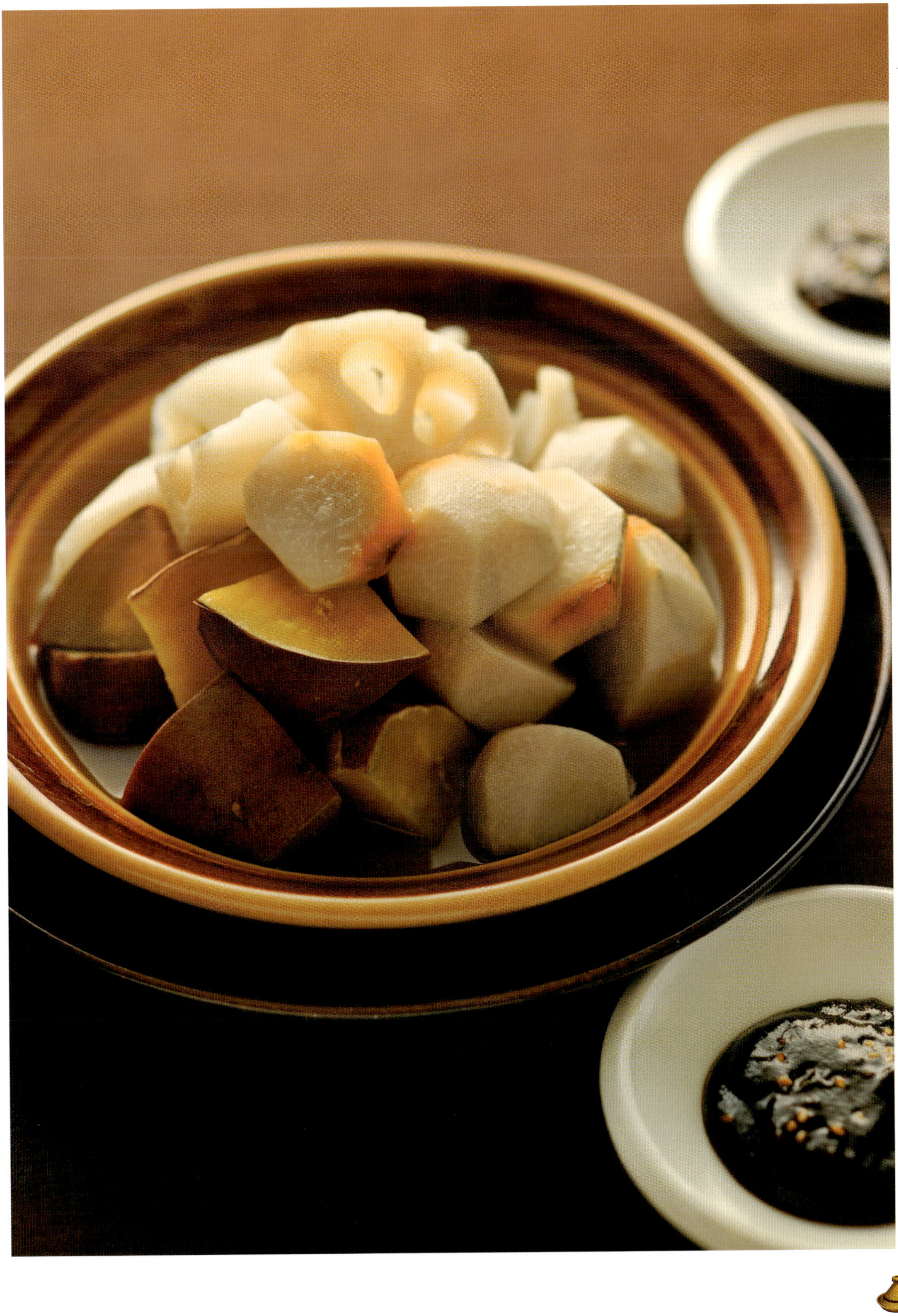

鶏むね肉を丸ごと1枚タジン鍋に入れて蒸しただけ。
あっという間に蒸し上がり、食感もしっとりふんわり！

大好きな香菜をたっぷり添えて、エスニック風の味つけに。
定番の中華風も、和風や洋風のアレンジも楽しい。

牛尾さんのタジンノート②

むね肉派宣言します。

鶏肉といえば、断然「もも肉」派の私。……でしたが、最近は「むね肉」にも魅力を感じています。というのも、タジン鍋と出会ったから。むね肉は火を通すとパサつく印象があるので、どうにかしっとりとした蒸し鶏ができないものかといろいろな方法を試していました。そんなとき、タジン鍋で蒸したところ、びっくりするほど極上のしっとりふんわり蒸し鶏が完成。おまけに、蒸し汁もおいしいこと！　捨てるなんてもったいないから、ナンプラー、レモン汁、唐辛子、砂糖を加えてタイ風のたれを作り、大好きな香菜と一緒にいただきます。この蒸し鶏、冷蔵庫で冷やしても、しっとり感が変わらないんです。タジン鍋のおかげで、「鶏肉はむね肉派です！」と宣言できそうです。

蒸し鶏

●材料(2人分)
鶏むね肉　1枚　　ねぎの青い部分　1本分
塩　小さじ½　　しょうがの薄切り　2〜3枚
　　　　　　　　酒　½カップ

●作り方
❶鶏肉は室温に戻し、タジン鍋に皮目を下にして置いて塩をふり、ねぎ、しょうがをのせる。酒を注ぎ、蓋をする。
❷①を中火にかけ、沸騰したら弱火にして3分ほど蒸す。
❸火を止めて、そのまま冷ます。

> 冬の野菜

白菜と豚肉のはさみ蒸し

冷蔵庫に残りがちな白菜も、タジン鍋で蒸せば、難なく完食！
季節が春なら、白菜の代わりにキャベツでアレンジしても。

材料(2人分)
白菜　1/4株
豚バラ薄切り肉　150g
水　1/4カップ
酒　1/4カップ
ポン酢しょうゆ　適量

作り方
❶白菜はざく切りにしてタジン鍋に詰め、白菜の葉と葉の間に豚肉をはさみ込む(a)。水、酒を注いで蓋をする。
❷①を中火にかけ、沸騰したら弱火にして7〜8分蒸す。
❸別の器に取り分け、ポン酢しょうゆをかける。

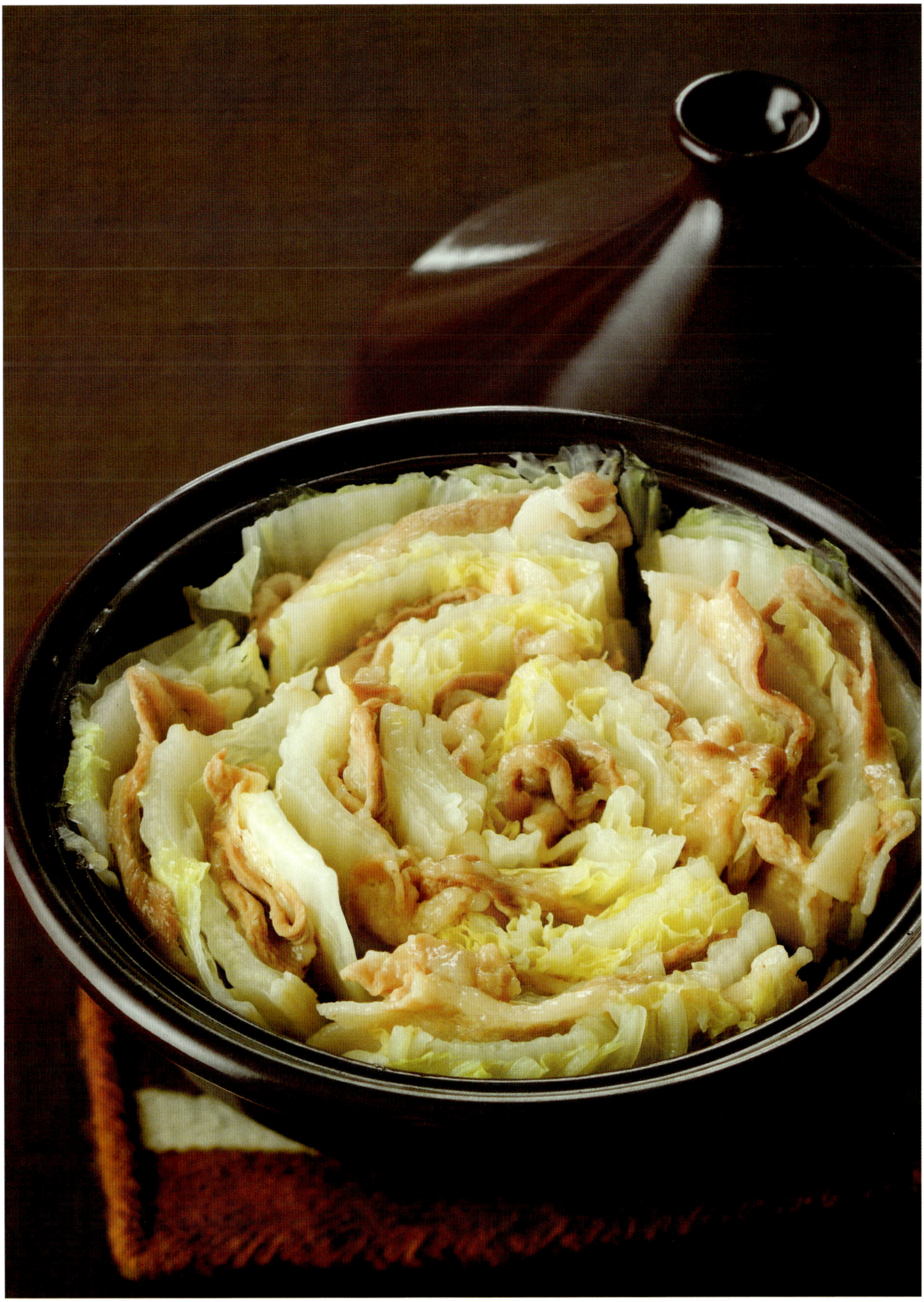

ねぎとめかじきのあっさり蒸し

くたくたに煮えたねぎの甘いことといったら。めかじきもホロリとした食べ心地に。

材料(2人分)
ねぎ　3本
しょうが　1かけ
めかじき　2切れ
だし昆布(10cm四方)　1枚
水　¼カップ
酒　¼カップ
塩　小さじ½

作り方
❶ねぎは斜め薄切りにする。しょうがは薄切りにする。めかじきはひと口大に切る。
❷だし昆布の表面をぬらしたペーパータオルでさっとふき、これをタジン鍋に入れて水、酒を注ぎ、しばらく置く。
❸昆布がやわらかくなったら、①を入れて塩をふり、蓋をする。
❹③を中火にかけ、沸騰したら弱火で7〜8分蒸す。蒸し上がったら、昆布を取り除き、全体をざっくり混ぜる。

春菊とはまぐりの酒蒸し

春菊のほろ苦さと、はまぐりの潮の香りを交互に味わう幸せ。

材料(2人分)

春菊　150g
はまぐり　200g
塩　小さじ½
酒　大さじ3
しょうゆ　少々

作り方

❶春菊は茎のかたいところを切り落としてざく切りにし、さっと洗う。
❷はまぐりは塩水に浸して砂出しし、流水でよくこすり洗いする。
❸タジン鍋に①を入れ、②を加えて塩、酒をふり、蓋をする。
❹③を中火にかけ、沸騰したら弱火にして2～3分蒸す。蒸し上がったら、しょうゆを加えて全体をざっくり混ぜる。

ほうれん草のアーリオオーリオ

素材のうまみが引き立つのは、シンプルな味つけとタジン鍋のおかげ。

材料(2人分)
ほうれん草　150g
にんにく　1かけ
赤唐辛子　1本
塩　小さじ½
こしょう　少々
オリーブ油　大さじ1

作り方
❶ほうれん草はざく切りにし、洗って軽く水気をきる。にんにくは薄切りにし、赤唐辛子は種を取る。
❷タジン鍋に①を入れ、塩、こしょうをし、オリーブ油を回し入れて蓋をする。
❸②を中火にかけ、沸騰したら弱火にして2〜3分蒸す。蒸し上がったら、全体をざっくり混ぜる。

小松菜のオイスターソース蒸し

ビタミン、鉄分、カルシウム。タジン鍋なら小松菜の栄養を逃さず調理します。

材料(2人分)

小松菜　150g
しめじ　½パック
しょうが　1かけ
ごま油　大さじ1
合いびき肉　100g
オイスターソース　大さじ1
しょうゆ　小さじ2
水　¼カップ

作り方

❶小松菜はざく切りにする。しめじは石づきを切り落としてほぐす。しょうがは細切りにする。

❷タジン鍋にごま油を中火で熱し、ひき肉を炒める。色が変わったら①を加え、オイスターソース、しょうゆ、水を注ぎ、蓋をする。

❸②を弱火にして5分ほど蒸す。蒸し上がったら、全体をざっくり混ぜる。

カリフラワーのカレー蒸し

ブロッコリーと同様に、蒸すことで甘みが増し、ホクホクの歯ごたえになるカリフラワー。
カレー粉はほんのりきかせる程度で、野菜の持ち味を最大限に生かします。

材料(2人分)

カリフラワー　1株

ツナ缶(水煮タイプ)　小1缶(約80g)

A
| カレー粉　小さじ1
| 粒マスタード　小さじ1
| 塩　小さじ¼
| 水　¼カップ

粗びきこしょう　適量

パセリのみじん切り　適量

作り方

❶カリフラワーは小房に分ける。

❷タジン鍋に①と、ツナを缶汁ごと入れ、Aの材料をよく混ぜて注ぎ(a)、蓋をする。

❸②を中火にかけ、沸騰したら弱火にして7〜8分蒸す。蒸し上がったら、全体をざっくり混ぜ、粗びきこしょう、パセリのみじん切りを散らす。

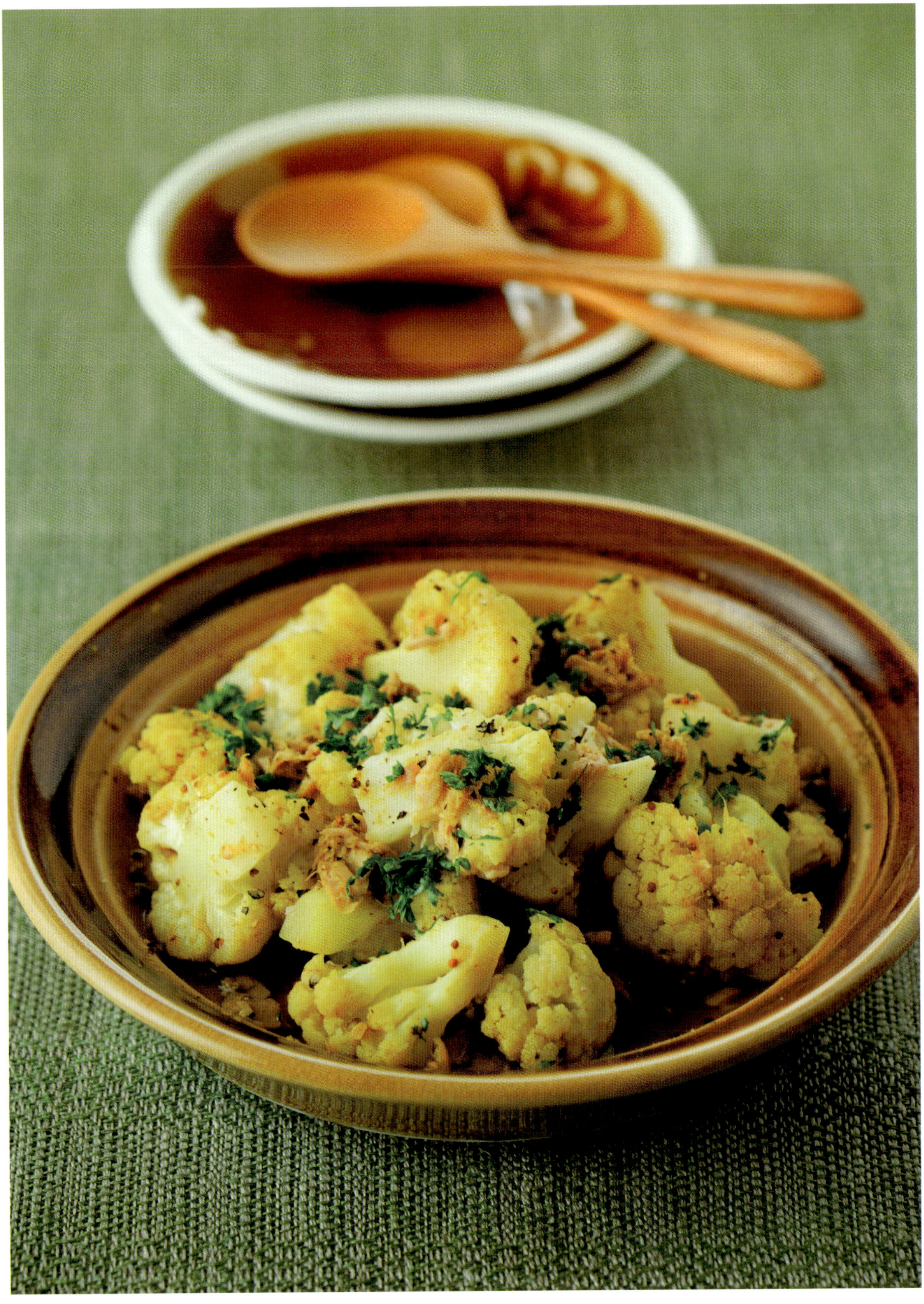

大根ステーキ

べっこう色が目にもごちそう。バルサミコ酢がなければ、お酢を少々加えて。

材料(2人分)

大根　3cm
にんにく　½かけ
水　½カップ
サラダ油　小さじ2
しょうゆ　小さじ2
バルサミコ酢　小さじ2
粗びきこしょう　適量

作り方

❶大根は1.5cm幅に切って皮をむき、半月切りにする。にんにくは薄切りにする。
❷タジン鍋に大根を並べて水を注ぎ、蓋をする。
❸②を中火にかけ、沸騰したら弱火で12～13分蒸す。
❹大根を取り出し、鍋に残った余分な水分をペーパータオルで吸い取る。
❺タジン鍋にサラダ油とにんにくを入れて中火で熱し、大根を戻し入れ、しょうゆ、バルサミコ酢を加えて絡め、粗びきこしょうをふる。

かぶとベーコンのゆずこしょう蒸し

主役はやわらかく蒸し上がったかぶ。ベーコンはうまみ出しに少しだけ。

材料(2人分)

かぶ　4個
ベーコン　2枚
ゆずこしょう　小さじ1/4
オリーブ油　小さじ2
白ワイン　大さじ3
塩　少々

作り方

❶かぶは茎を少し残して切り落とし、皮をむいてくし形に切る。ベーコンは2cm幅に切る。

❷ゆずこしょう、オリーブ油、白ワインを混ぜ合わせる。

❸タジン鍋に①を入れ、②を回しかけて塩をふり、蓋をする。

❹③を中火にかけ、沸騰したら弱火にして8〜12分蒸す。

かぶのファルシ

えびとドライトマトを贅沢に詰め込みました。
頬張ればうまみたっぷりのスープが口中に広がります。ぜひ、ガブリとひと口でどうぞ！

材料(2人分)

かぶ　4〜6個
むきえび　100g
ドライトマト（オイル漬け）　20g
塩　少々
水　½カップ

作り方

❶かぶは葉を切り落として皮をむき、スプーンなどで中をくり抜く。くり抜いたかぶはみじん切りにする。
❷えびは背わたを取り除き、粗めに包丁でたたく。ドライトマトはみじん切りにする。みじん切りにしたかぶとともにボウルに入れ、塩を加えて混ぜ合わせる。
❸かぶに②を詰めてタジン鍋に並べ(a)、水を注いで蓋をする。
❹③を中火にかけ、沸騰したら弱火にして8〜12分蒸す。

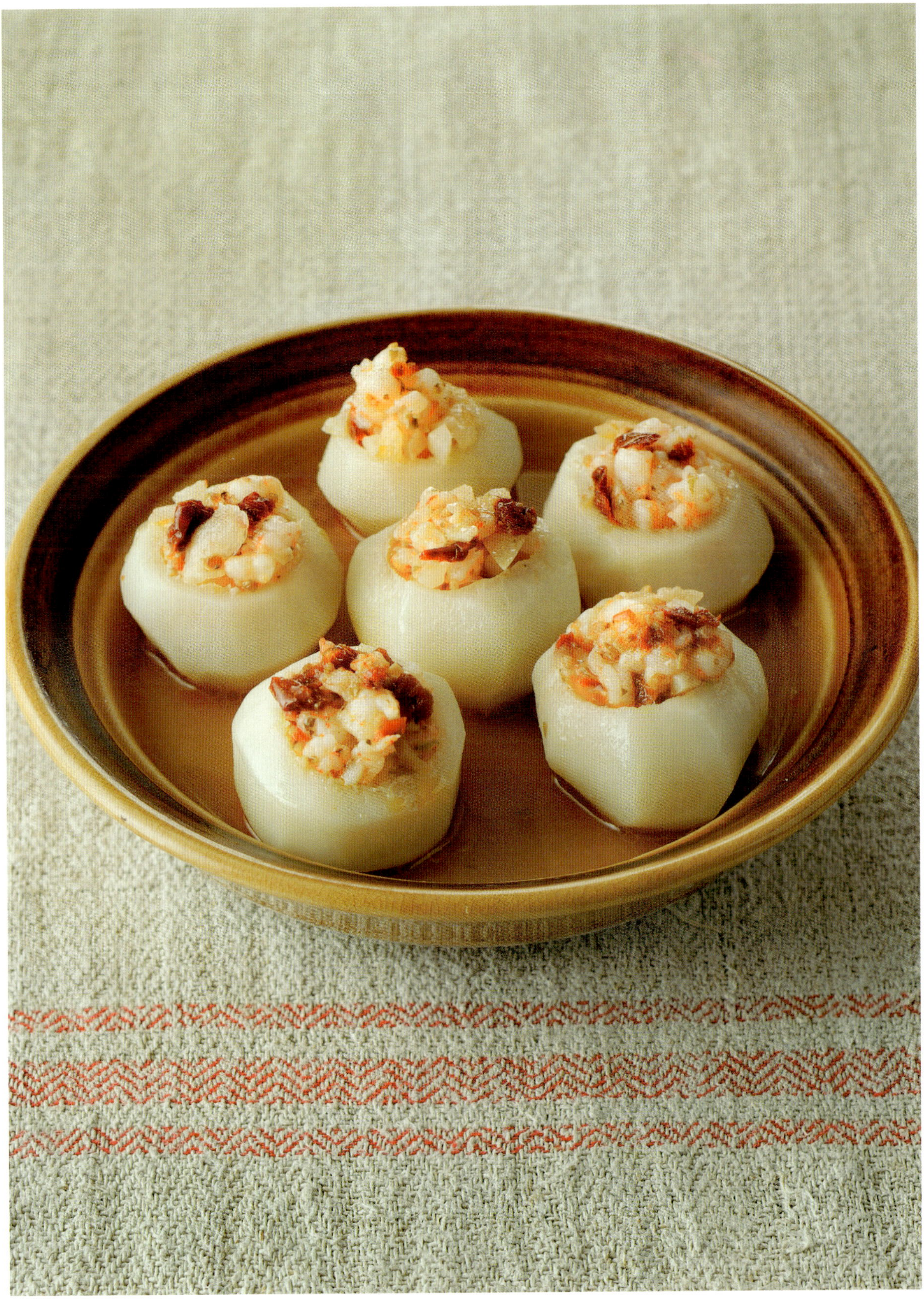

エミール・アンリのタジン鍋で2個分作ってみました。プリン型はうちにあったココットで代用。

蒸し上がりはプルプルでなめらか。手軽で早くできるから、プリンを作る回数が増えそうです。

カラメルソースをかけてからいただきました。ホイップクリームやフルーツを添えるのもおすすめ。

牛尾さんのタジンノート③

スイーツとの相性もよいタジン鍋。

時計を見ると、午後3時。ちょこっとおやつが食べたくなり、プリンでも作ろうと思い立ちました。プリン作りはそんなに難しくないけれど、オーブンで作るには予熱や天板に布巾を敷いて水を張るなどの下準備がかかります。蒸し器の場合も蓋の内側に布巾を巻いて水滴が落ちないように……と、なんだか大げさになってしまいます。その点、ちょこっと作るにはタジン鍋がぴったり。タジン鍋は蓋の構造上、水滴がプリンに落ちてこないので、布巾をかぶせる必要がなく、驚くほど早く蒸し上がります。余熱も利用して火を通したプリンは口当たりがとてもなめらか。ただし、プリン型とタジン鍋の大きさに相性があるので、作る前に、鍋にプリン型をのせ、蓋がしまるかどうか確認を。

カラメルソースの作り方
小さめのフライパンにグラニュー糖大さじ3、水小さじ1を入れて中火にかける。砂糖が溶けて茶色くなり、こうばしい香りがしてきたら、火からおろして水大さじ1を加える（このとき、蒸気がふき上がるのでご注意を）。

プリン

●材料(2人分)
卵黄 2個分　　生クリーム ½カップ
牛乳 ½カップ　　砂糖 大さじ2
　　　　　　　バニラエッセンス 少々

●作り方
① 材料をすべてボウルに入れて泡立て器で混ぜ合わせ、茶漉しなどで漉してなめらかにしてから、耐熱容器に流し入れる。
② タジン鍋に耐熱容器ごと入れ、鍋に水½カップを注ぎ、蓋をする。
③ ②を中火にかけ、沸騰したら弱火にして10分蒸し、火を止める。冷めるまでそのまま置く。
④ 好みでカラメルソースをかける。

お手入れのこと。

タジン鍋のお手入れは、ふだん使っているお鍋や食器とほとんど変わりません。この本では、陶器のタジン鍋のお手入れ方法をご紹介します。材質によって相性のよい道具やお手入れ方法が異なる場合もあるので、取扱説明書をよく読んで、正しくケアしてあげましょう。

お手入れの道具

土鍋と同じように、食器洗浄用の中性洗剤、または中性石けんをスポンジにしみ込ませて洗います。金だわしなどで力強くこすると、傷がつくことがあるので避けましょう。

タジンの洗い方

洗剤をしみ込ませたスポンジでこすりながら汚れを落とし、ぬるま湯ですすいで洗います。

乾燥させる

カビやにおいの原因となるので、乾燥させてから収納しましょう。洗ったあとすぐに使いたい場合、ぬれたまま火にかけると割れる恐れがあるので、必ず乾いた布巾でしっかり水けをふき取りましょう。

もし、焦げついてしまったら…

湯を注いでしばらく置く

タジン鍋に湯を注いでしばらく置きます。焦げがふやけてきたら、中性洗剤とスポンジで洗います。

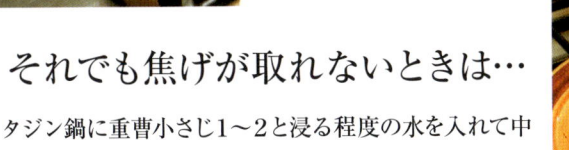

それでも焦げが取れないときは…

タジン鍋に重曹小さじ1〜2と浸る程度の水を入れて中火にかけます。沸騰したら火を止めてしばらく置き、焦げがふやけてきたら、中性洗剤とスポンジで洗います。一度できれいに取れないときは、さらに繰り返します。

使いはじめにおこなう「目止め」のこと

吸水性の強い陶器のタジン鍋は、土鍋や陶器の食器と同じように使いはじめる前に目止めをおこないます。目止めとは、陶器の表面にある細かい穴やヒビ（貫入）に汚れやにおいがつくのを抑えるための作業です。

＊目止めの方法＊
タジン鍋に米のとぎ汁を入れ、3分ほど弱火で煮立てたら火を止め、そのままおいて冷まします。

タジンQ&A

●お鍋にまつわるQ&A

Q　タジンのプロフィールを教えてください。

A　モロッコ生まれの鍋。
　　この鍋で作った料理も「タジン」といいます。

　タジンとは北アフリカの国・モロッコの伝統的な煮込み料理のことで、調理する鍋もタジンと呼ばれています。日本で鍋料理を「鍋」といい、同時に土鍋を「鍋」と呼ぶのと似ています。水が貴重な砂漠の国で、食材に含まれる水分を利用してなるべく少ない水で調理ができるように考えられたといわれています。

Q　少ない水分で蒸せるのは、なぜ？

A　とんがり帽子のような蓋が
　　鍋の中の蒸気を循環させるから。

　通常の鍋では、加熱されると鍋全体が高温になり、水分がどんどん蒸発していきます。しかし、タジン鍋の場合、蓋の上部の温度が下部に比べて低いため、蓋の先で蒸発した水分が冷やされ、蓋をつたって再び鍋の中に戻ります。水分が蒸発しにくく、鍋のなかで循環するため、少ない水分でも食材が上手に蒸せるのです。また、少ない水分で加熱するため、食材が水っぽくならず、うまみを引き出しやすいのもタジン鍋の大きな特徴です。

Q　蓋に穴のあるものとないものがあるけど、
　　どちらがいい？

A　どちらでもいいんです。

　穴があいていると吹きこぼれにくい反面、穴のないものよりも蒸発しやすいため、焦げつかないようにときどき水分のチェックをしましょう。穴がないものは鍋の中の水分が多い場合、吹きこぼれることがあるので、蓋をずらすなどして蒸気を逃がしましょう。

●使い方にまつわるQ&A

Q 加熱中に蓋をあけても、かまわない？

A 蓋をあけてもかまいません。

吹きこぼれや水分量の確認のため、調理中に蓋をあけるのはかまいません。ただし、蓋が熱くなっているので、ミトンや鍋つかみを使い、蒸気でやけどをしないように注意して。

Q 吹きこぼれたら、どうすればよい？

A 火加減を弱くするか、蓋をずらします。

火加減を弱火にします。それでも吹きこぼれる場合は、蓋をずらしてのせ、蒸気の逃げ場を作ってあげます。モロッコでは、スプーンを蓋にはさんですき間を作ることも。まねしてみては？

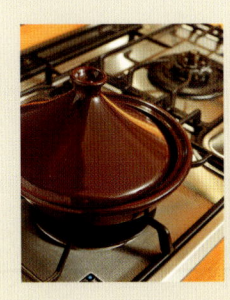

Q 鍋の深さよりも多めに野菜を入れても、かまわない？

A もちろん、かまいません。

写真をご覧ください。タジン鍋からあふれるほどのほうれん草を入れましたが、蒸し上がればかさは1/3以下に。野菜の種類にもよりますが、とくに水分量の多い葉野菜などは、蓋が閉まればたっぷり蒸しても大丈夫。お手持ちのタジン鍋でいろいろな野菜を蒸してみて、おいしく蒸し上がる分量や加熱時間など、鍋そのものの"クセ"を知ることが大事です。

牛尾理恵（うしお・りえ）

料理研究家。フードコーディネーター。栄養士。東京生まれ。東京農業大学短期大学を卒業後、病院に勤務し患者の食事指導をおこなう。料理研究家のアシスタント、料理専門の制作会社を経て独立。ふだんの食生活ですぐに実践できる、わかりやすくて味わい深いレシピが好評。著書は「いちばんシンプルな冷凍おかず」（主婦の友社）など多数ある。

タジン鍋はこの本の制作をきっかけにヘビーユーザーとなり、今では手放せない道具のひとつに。コラム「牛尾さんのタジンノート」では、野菜料理以外のとっておきレシピを紹介してくれました。（なんと、ご主人もタジン鍋のファンだとか！）息抜きは愛犬ピノ（ジャックラッセルテリア・メス）のお散歩。

アートディレクション・デザイン　清水真里（マジカル・バグ）
撮影　キッチンミノル
スタイリング　本郷由紀子
編集　佐々木香織
＊
撮影協力
エミール・アンリ ジャポン
東京都港区東麻布1-23-5　PMCビル2階
☎03-3582-1495　http://www.emilehenry.co.jp/
＊
エム・アンド・ピー
東京都品川区東品川3-24-7　3階
☎0120-177-763　http://www.rakuten.co.jp/chichukai/

野菜がおいしいタジン鍋

●協定により検印省略
著　者／牛尾理恵
発行者／池田　豊
印刷所／図書印刷株式会社
製本所／図書印刷株式会社
発行所／株式会社池田書店
　　　　〒162-0851
　　　　東京都新宿区弁天町43番地
　　　　☎03-3267-6821（代）
　　　　振替00120-9-60072

落丁、乱丁はお取り替えいたします。
ⒸUshio Rie 2010, Printed in Japan
ISBN978-4-262-12957-0

本書のコピー、スキャン、デジタル化等の無断複製は著作権法上での例外を除き禁じられています。本書を代行業者等の第三者に依頼してスキャンやデジタル化することは、たとえ個人や家庭内での利用でも著作権法違反です。

1103703